種希望的人

在人間實踐真善美

胡川安──著

推薦序

盡心盡力打造一個環境，讓所有人都可以生活的地方

行政院副院長　鄭文燦

真善美基金會邁入第二十五年，創辦人胡得鏘先生從一九九八年起，成立仁安啟智教養院、德安教養院、仁友愛心家園，在二〇〇九年統合所有機構成立真善美社會福利基金會。

這一路走來只為一個單純的初衷，每一個生命都珍貴且值得尊重，身心障礙者在社會上常居處劣勢，胡得鏘、謝秀琴夫婦給予無私的照顧，希望讓他們和一般人一樣，享受交朋友、親情的溫暖，也希望能幫助他們實現自我，盡一

己之力對社會有所貢獻。

胡川安執行董事承繼父志，感念雙親對於身心障礙者全心全意的付出，同樣投身於公益中，致力為處於社會邊緣的憨兒爭取權利，同時協助他們自力更生。二〇一九年成立了真善美家園，讓老憨兒老有所終，以「團體家屋」理念，用家庭型態照顧老憨兒，在桃園照顧將近兩百個喜憨兒，是桃園規模最大的社福團體。

關心別人，是作者在文中提到，面對未來高齡化和少子化的社會非常重要的能力。身心障礙者需要社會同等的尊重，而非同情或歧視。人生而平等的觀念雖然耳熟能詳，要得到實踐，需要提升民眾對弱勢群體關懷的意識，整體社會的態度才能更有包容性。

過去幾年來，政府也努力推動身心障礙者的福利照顧。全台目前有兩百六十五家身心障礙福利機構（截至一一二年六月），核定安置兩萬一千七百七十二人，實際服務一萬七千四百八十八人。為了讓身心障礙朋友就近獲得服務，建置社區式照顧服務，協助身心障礙者自立生活，提升生活品質及社會參與，同時讓照顧者獲得喘息的機會，目前已建置九百四十八個社區式照顧服務據點（截至一一二年六月）。

台灣的民眾一直都很有愛心，公益捐款在國際上排名名列前茅。而在第一線經年累月從事社福照顧的教保員和生活服務員，需秉持專業、顧及每個人的不同狀態，花費極大心力給予照顧，也需要給予支持。政府自一〇八年九月起透過身心障礙福利機構服務躍升計畫，調高工作人員薪資，提升就職意願，迄今平均每年有五千七百六十六名服務人員及一萬五千兩百〇六名身心障礙者受益。

行政院也正在審查「身心障礙照顧服務資源布建中程計畫」，協助地方政府擴充身心障礙照顧及社區服務資源，並建置身心障礙福利機構服務人員久任機制，保留人才來擴充服務的人力。

把身心障礙朋友照顧好，減輕照顧者的負擔，是我們共同的目標。政府會繼續努力，也希望社會大眾一起來支持身心障礙朋友克服困難。真善美社會福利基金會點起了一盞燈，照亮了身心障礙者的希望，期盼大家共同給予支持，實現更多的理想。

推薦序

期待真善美下一個二十五年

桃園市市長　張善政

真善美社會福利基金會是桃園的驕傲！

今年邁入二十五週年的真善美基金會，前身「真善美啟能發展中心」由胡得鏘先生創辦，現任執行董事胡川安為創辦人之子，秉持「給他們魚吃，不如教他們釣魚」的理念，讓心智障礙者在專業化的服務下，學習各種生活、職業技能，期待未來每一個服務對象可以自立，獨立生活於社區之中。

真善美基金會轄下的組織，在桃園照顧將近兩百個喜憨兒，其中的「真善美啟能中心」、「仁友愛心家園」、「希望家園」和「老憨兒家園」每次評鑑都獲得相當好的成績，打造一個完整的真善美福利園區。除此之外，在社區中服務上千位的弱勢團體，節慶的時候還會送月餅、年節禮盒到弱勢家庭中，幫助需要幫助的人，成為政府很大的助力。

我和真善美的結緣，是在擔任台灣大哥大基金會董事長的時候，推動「種福電」的計畫，第二屆由真善美社會福利基金會獲得補助，當時三個月內募得將近九百萬的善款，是台灣最大的綠能公益募資專案，現在每年饋電的收入，都讓基金會獲得幫助，也協助了企業的綠能轉型。

去年在參選市長的時候，到了真善美在中壢國小旁經營的「壢小故事森林」訪問，對於胡教授的理念相當認同，基金會在這裡打造了一個正常人與憨兒共融共存的空間，讓社會大眾了解身心障礙的朋友。當時胡教授跟我說：「桃園是個移民的城市，很多人都選擇在這裡定居，我們除了經濟以外，要讓所有的族群、身心障礙者都在這裡定居，『壢小故事森林』是實踐文化平權很好的場館，我們要打造一個愛的城市。」除了「壢小故事森林」，真善美基金會也在桃園的加油站、洗車場，讓身心障礙的朋友找到工作，發揮生命的價值。

《種希望的人：在人間實踐真善美》具體的從身心障礙者在不同國家的歷史開始寫起，讓我們知道人權不是一蹴可幾的，是透過社會一代一代努力而成，才讓社會有更好的環境可以共融。

胡教授在書中將真善美二十五年來的努力做了介紹，四分之一個世紀，從父親的手上接下重擔，一個教養院慢慢發展成具備社會企業的組織，而且還有很多符合現在企業所追求的永續理念，讓我覺得真善美雖然已經走過了二十五年，未來還可以幫助更多需要幫助的人。

我支持真善美社會福利基金會的理念，在人間實踐真善美也是我的價值，希望大家一同支持。

推薦序

溫暖永續承接既往 下個十年真善美希望無限大

立法委員　鄭運鵬

非常榮幸收到真善美社會福利基金會執行董事同時也是本書作者胡川安先生邀請撰寫本書的序文。

當初我收到這份邀請時，正是真善美社會福利基金會成立二十五週年，這本書出版意義非凡，象徵台灣心智障礙照護體系發展里程碑的集大成。川安兄的父親——胡得鏘先生創辦真善美社會福利基金會，打開了台灣一段溫暖的社會弱勢照顧故事，而書名「種希望的人」正是指胡老先生開創了契機與環境，讓後繼者承先啟後、持續深耕，融合國際經驗打造更先進、更人性化的照顧系統，並點明台灣社會即將面臨的挑戰，給予執政者和立法者共同反思的空間。

本書第一部以類似「文獻回顧」方式，讓讀者更容易了解身心障礙人士從污名化血淚到正名及被普遍正視的完整歷程。全書帶領讀者從西方、日本再到當代台灣社會，跨國界地全面認識心智障礙者的「界定」、「權益」及「照護」三大演進。

這段文明發展進程的梳理，值得我們反覆閱讀，理解當今成就得來不易。台灣自清領時代開始發展的貧窮者「救濟制度」，直至日治時代引進了相關弱勢族群照顧的做法，這些是我們日常難以接觸到的史料，但川安兄將其彙整成書，以言簡意賅的方式，讓讀者從專業性、學識性和實際面去了解心智障礙、喜憨兒在台灣的照顧現況。

回顧歷程之外，本書也針對心智障礙者的「人權」深入探討，如心智障礙者是否保有自身生存的決定能力？他們經協助後如何回歸社會？如何避免遭受歧視？透過各個身心障礙者尋找第二人生成功故事，讓我們重新認知身心障礙「只有失能沒有失去希望」，在健全的社會制度下，他們都有機會再次站起。

第二部，是令我非常感動的環節。首先川安兄感念了父親胡得鏘先生創立基金會的過程，即使父親因病過世，仍大愛遺留人間繼續造福弱勢族群。川安兄的母親一肩扛起父親遺志，秉持要讓心智障礙者「屬於自己的家」的感受，字裡行間讓我們看到人性溫暖與偉大。這段值得深讀回味，見證心智障礙者照顧的先驅如何披荊斬棘，在過往社會普遍冷漠之時，走出令人感動的路。

同樣在這章節，帶入許多令人動容的真實案例，分別說明憨兒對於家庭渴望、突破自我自力更生以及追逐生命價值的心路歷程。透過生老病死之間的各種故事，我們能觀察到憨兒個別的獨特性，也更親身體會到照顧者給予無差別的關愛。另外，過去三年因疫情肆虐，對於身心障礙者照顧機構造成不小衝擊，如何在大量人員群聚下安全度過，如何在醫療資源緊張時找出方法看病，這些是川安兄在第一線記載的寶貴經驗，著實發人深省。

第三部，承接既往，進一步探索真善美社會福利基金會永續經營規劃，或更精確地說，是台灣照顧身心障礙者下一階段可能的方向。書中不只關切硬體設施進步，更從整體社會的立場為核心，本著「照顧弱勢者的態度即是文明的高度」的思維，提出身心障礙者無論是先天或後天形成障礙，我們的社會都應秉持著「一個都不能少」精神，以此出發，再悉心設計配套制度與軟硬體設施。最後，川安兄結合新加坡經驗提出「真善美憨樂生活村」構想，擘畫出台灣未來下個十年照顧老化喜憨兒的藍圖，值得公眾期待與參與。

我誠摯推薦這本書給各位讀者，對於探討心智障礙者發展歷史、真善美社會福利基金會發展歷程、台灣心智障礙者照顧歷史有興趣朋友，都歡迎拾起這本《種希望的人：在人間實踐真善美》，好書細細品嘗，必定帶給你一段溫暖窩心、發人深省的旅程！

推薦序

種下的希望已經萌芽，來自星星的孩子笑迎陽光！

桃園市議員　謝美英

因緣際會，美英與真善美相識二十多年，一路走來，我們見證、跟隨、陪伴，與真善美一同成長茁壯。

胡川安教授寫下這本書「種希望的人」，不僅僅為我們種下了希望，也種下了真、種下了善、種下了美；也充滿了對父親胡得鏘先生的欽佩與感念，表達了對母親謝秀琴女士的認同與關愛，全家人同心做公益，對台灣社會福利貢獻卓著，功成而不居，數十年如一日，照顧憨兒、寬慰憨兒的家人。

走進真善美這個大家庭，所見的一磚一瓦、一隅一角，都是來自各界無私的付出，創辦人打造愛的家園，憨兒被愛、被包容，在安全的堡壘裡成長。

「種希望的人」一書分為三部，第一部爬梳現代文明對心智障礙的認知與理解上的衍變，介紹了國外社會福利措施的建置過程，以及世人對身心障礙者的不了解，歷經漫長的路終於被認識。

偏見與歧視無所不在，來自星星的孩子承受著身與心的雙重壓力，友善與同理是古今都要學習的課題，閱讀過去、把握當下，是本書第一部書寫的用意。

第二部是真善美從無到有的故事，給魚不如給釣竿、與社區融合、爭取行動與空間……真善美在建置完善家園的同時，全力教導憨兒自立，萬事不是只有起頭難，是隨時隨處充滿挑戰。

人，生而平等，胡得鏘創辦人化堅持為行動力，協助憨兒們獨立自主，融入社會，甚至學習、就業，建立他們的信心及尊嚴。洗車場、烘焙坊、啦啦隊……憨兒們的表現，讓真善美被看見，被信任，良善循環在真善美發光發亮。

書中提及疫情的這些年，園方無法與捐贈者接觸，照顧弱勢服務的面向無法讓大眾得知，社福單位雪上加霜，雖然如此，熬過寒冬，便見春天！

本書第三部著墨真善美未來的願景，眾志成城，「真善美家園」成為台灣照顧老憨兒的第一座院區，完成階段性任務。邁向下一個十年，「真善美憨樂生活村」的構想藍圖即將展開，不僅僅是真善美的下一個目標，也是台灣社福機構的新里程。

台灣有超過四十五萬名憨兒，在機構中的憨兒多數沒有家，他們是弱勢中的弱勢，真善美要為他們打造一座遮風避雨、安養生活的村子，這座村子不是海市蜃樓，已經真真實實地蓋起來、並且完工了。

真善美新院區在桃園市新屋區，咖啡館、二手書、茶樹、生態池、植栽……複合村落結合社福設施、農村市集、觀光農園，多元模式令人期待！

胡川安教授期許自己是讀書人，也是做事、做工的人。這股堅持不懈，讓憨兒們的真善美世界更寬廣了，望向遠方，種下的希望已經萌芽，來自星星的孩子笑迎陽光！

推薦序

社會做不到的，就交給種希望的人

作家．丹鳳高中圖書館主任　宋怡慧

中學時期最喜歡的一部電影是《真善美》。猶記看完的幾日後，耳際仍不時會響起「Do Re Mi」的天籟之音。偶爾閉上雙眸，還會不時地晃入女主角茱莉安．德魯絲守護孩子的溫暖笑靨和關愛的眼神。當時我可能不懂內心的悸動來源，讀完這本書，我突然有了觸發：無論身處多麼艱苦的環境，若是相信了希望，你就能擁有希望；無論夢想多像遙不可及的童話，若是願意實踐它，你必能擁有。胡川安老師《種希望的人》帶給我的震撼，一如當年在《真善美》電影汲取的向陽能量。當你把希望的種籽播下了，有朝一日必成綠葉成蔭處，一如胡川安老師和真善美基金會正在做的事，原來社會做不到的，願無私種下希望的他們，竟讓星星孩子緊閉的心扉被一個個的善意開啟了，他們開始相信世界有愛，他們也把自己活成一道光，讓世界因他們的存在，擁有「真善美」的力量。

天賦是與生俱有的，但是仁慈與善良是後天抉擇的累積，一個人被尊敬的常常不是權力與金錢，而是他為他者做的不凡之事。胡川安以文字引領讀者走進星星孩子的幸福森林，原來，每個人的「不一樣」，在善意之光的照拂下，我們都能自擁光圈，走向「自我實現」的旅程。我常說：每個人都會歷經自己的「英雄之旅」，這個說法是來自於美國神話學家喬瑟夫・約翰・坎伯（Joseph John Campbell）寫於《千面英雄》的說法：我們在天命的召喚下，從平凡的世界出走，遇見開啟我們智慧與眼界的導師，讓我們甘心探尋冒險的目標，進而經歷苦難的試煉，並從已知的第一道門檻進入未知的第二道門檻，踏進「洞穴」險阻區，完成終極目標的考驗。原來，每趟動人的英雄之旅，並非被寫入在史冊裡的顯貴達人，而是願為他人付出與奉獻，帶著「利他」成果

「回歸」，並活成一束光的無名英雄們。他們的存在也讓正處於黑暗與絕望的人們相信了真善美存在於現實人間，我們都能共同綻放屬於這個世代的美好與燦亮。

不用擔心社會做不到的事，亦不懼怕無光的地方，因為我們都是引光者，憑藉著愛與希望，終能驅散生活的陰霾。即使火熄了而餘碳猶溫暖；即使花謝了，而清風仍留香。一如胡得鏘先生不求回報地行善，終生以投入照顧憨兒的慈善工作為志業，無私的善行已成星星孩子的隱形羽翼，讓孩子們翱翔在廣袤又自由的人生蒼穹。

作者胡川安不只克紹箕裘，也援引西方俗諺：「如果麥子墜入土裡，就有機會結實纍纍」來形容父親的善舉，同時也道盡基金會以散播愛心為圓心、真善美為半徑，畫出行善的弧線，讓更多人的力量成為守護星星孩子的有光歸處。或許，我們都無力改變生命的起點，卻能決定腳踏的方向。希望的種籽落土了，繁花繽紛的季節還會遠矣？

目錄

第一部　一條漫長的路　追求生存權的心智障礙者

第二部 陪伴一輩子的真善美社會福利基金會

第三部　讓真善美永續

第一部

一條漫長的路

追求生存權的心智障礙者

汙名化的開始：白癡的誕生

這是一段令人傷心的故事、也是一段汙名化的過程，我們都知道「白癡」、「低能兒」是侮辱的名詞，但不知道為什麼我們會有這樣的詞彙出現，也不知道是什麼樣的歷史促成了一群人被貼上標籤。

心智障礙和肢體障礙的區別在於內在和外在的差別，外在的障礙，像是不良於行、斷手、斷腳，可以很明顯的看出來；功能上的障礙，像是聽障和視障也較容易的以物理性的認知加以判別。但心智障礙無法從外表加以認知，所以一開始「發現」這個族群的過程，其實有點曖昧。

「白癡」的出現

對於心智障礙的認知，亞洲社會是如何開始的？這和我們對於西方文明的理解有關，而西方文明進入亞洲的過程，很多的概念是透過日本明治維新轉介而來，福澤諭吉是日本近代文明的奠基者，將西方的文化和相關的理念介紹到日本來，在他眾多著作中，有一本相當重要的書，名為《西洋事情》，其中都是他到歐美國家所作的觀察，關於社會福利設施的機構有提到「盲院」、「啞院」和「癡兒院」。

由於《西洋事情》成為當時學校的教科書，也成為普及的觀念。除了福澤諭吉的推廣外，明治維新後推行的教育制度，主要是由田中不二麿[1]主導，他參觀歐美的教育設施和制度，並且導入日本。對於心智障礙方面，田中不二麿

1. 日本幕末．明治時期的教育家、政治家，明治初期文教行政的代表人物。

曾經參觀美國賓州的「白癡」學校。

福澤諭吉所處的時代，日本對於心智障礙的認識主要由西洋引進，雖然是參考美國的制度，但美國當時對於心智障礙的理解是來自法國。法國對於智能障礙的問題來自十八、十九世紀歐洲的啟蒙思想和法國大革命，並且開始思考無法勞動的「非正常」人的地位和待遇。

一開始歐洲的收容設施主要是「貧民」，但這些人還是得強制勞動，增加生產力；不能勞動的就被劃分到「救貧院」[2]中，其中可能包含孤兒、肢體障礙、盲人、聾啞、精神障礙、老人和智能障礙等都收容在一起。

在時代的發展過程中，逐漸細分出不同需要救助之人。智能障礙者一開始和精神障礙者一起收容。十七世紀的時候，開始有男、女區別的設施。

瘋子和白癡都一樣？有問題的通通關起來！

日本社會在明治維新之後，由於政治、經濟和文化都採取西方式的相關措施，在時代的變革中，很多以往的下級武士、農民在新的時代中無以為繼，對於無法自立的老人、孤兒和障礙者都給予食物的救濟。

除了食物的賑濟外，社會福利設施也在西方的影響下建立起來，東京市養育院是亞洲最早的近代社會福利設施之一，建於一八七二年（明治五年），因為俄羅斯的皇太子要到日本訪問，當時既小且貧的日本，覺得乞丐、流民、肢體障礙或是精神病患都有礙社會觀瞻，所以將東京市這些有礙市容的人都關起來，總共收容了兩百四十名。

但在一開始，「白癡」並不在收容的對象中。《西洋事情》寫道：「病人安置於病院中，殘疾、盲人、瘋癲的人都收容在不同的地方，每一間都有看護，也給予療養。」這一時期對於「瘋癲」和「白癡」兩者其實有點混淆，「白癡」一直到一八八六年（明治十九年）才開始明文收容的規定。

2. Workhouse，為窮人提供工作和弱者提供生計的機構。

明治維新時期是個變動的時代，在那個時代有很多人無法適應時代的變化，都被收容成社會的弱勢，若是精神上有問題，或是智能上無法適應新的時代，都被收容到「福利設施」中。這些被時代所排斥的人，由於時代變動得太快，當時的社會無法好好認識他們到底有什麼差別。到了二十世紀初，現代化已經有點成果了，對於這些被排斥在社會之外的人，才逐漸開始區別他們的差異。

「低能兒」與「白癡」的差別

「低能兒」與「白癡」有什麼差別？跟教育制度有關，日本引進西方的教育體制後，發現有些孩子無法在這個體系中表現「正常」，就開始有了相關的討論和研究，在二十世紀初期的日本，他們認為「白癡」是無法教育的，「低能兒」則是在教育體制中表現不好的。只是「低能」不像身體殘障，可以從外表看出來，要怎麼分辨出「低能」呢？

就從「放牛班」開始說起，一八九〇年代左右，明治政府推行新的教育學制十多年後，發現有一些跟不上學習進度的兒童，他們針對這些學生，再特別編成一班。後來針對這樣的情形，有學者就開始寫書討論。

學習院大學的教授大村仁太郎在《兒童矯弊論》中認為：「低能」不是種「病」，但是一種「瑕疵」，然後將許多性格上的缺陷加諸到學習能力不好的兒童上，像是：思想散漫、怠惰、抗壓力強、偏執、不潔、偏食……等。大概可以想到的壞習慣都把它們跟學業成績不好畫上等號。然而，大村仁太郎也有注意到社會和家庭的原因所造成的學習障礙，並不把所有的問題歸咎於學生的性格瑕疵。

對於心智障礙的認識逐漸形成一套階梯次的理論，乙竹岩造[3]的《低能兒教育法》定義出：普通－劣等－低能－白癡等不同層次，而這是以教育系統和

3. 乙竹岩造（1875-1953），日本教育家。

學業標準所製造出來的概念。最底層的「白癡」，有時和「瘋癲」畫上等號，是無法醫治、先天性的問題。

其餘的「劣等－低能」則是性格上的缺陷或是感覺器官和大腦的病所造成的問題。此時也有注意到家庭所造成的壞習慣，或是學校的原因，像是教師的教育方式、教室的狹小、空氣的狀況，多方面的討論造成學生學習障礙上的問題，不只歸咎於學生本身的性格。

為了要教育低能兒，「白川學園」在一九〇九年開設，透過研究園內的學生所寫成的《低能兒教育的實際研究》，「低能兒」的出現和現代教育體制的建立有很大的關係。一群無法在制度中表現「正常」的就被歸類成「低能兒」，貼上標籤，才有後來的汙名化。

「白癡」在明治時代的概念則是不可醫治、無法受教的兒童，但日本特殊教育的先驅石井亮一[4]就有不同的看法，他認為即使「白癡」也是有受教的可能。我在文章中使用的「白癡」這個字眼是本來的用法，但後來社會普遍覺得這個詞彙帶有偏見和歧視，才逐漸發展成為我們現在所稱的「心智障礙者」。

4. 石井亮一（1867–1937），日本特殊教育推廣家。曾兩度渡海前往美國學習特殊教育知識，終生奉獻於智能障礙者的保護與教育。

「低能兒」和「白癡」的出現：日本特殊教育形成的背景

「白癡」也可以受教：石井亮一的特殊教育

石井亮一出生在佐賀鍋島藩的武士階級，在幕府末年與明治維新初期長大，幼年還是接受漢文的教育，熟悉《論語》、《大學》等書，並且學習武士道的精神。十六歲時獲得藩內的選拔，到工部大學校（也就是後來的東京帝國大學）考試，但體格檢查不合格，無法入學。

期待到美國留學的石井，改念私立的立教大學，接受六年的教育。立教大學是一八七四年由美國聖公會威廉斯主教於築地所創辦的「英語塾立教學校」，石井亮一就學期間也受到感化，受洗為教徒。立教大學的姊妹校立教女學校在一八八二年成立（明治十五年），石井亮一於立教大學畢業後的第一份工作，就是在立教女學校擔任教師，除了教授外語，也教育女性外國的發展狀況和現代女性該有的思想，是日本最早提供女子教育的學校之一。

明治二十年左右，日本的福利事業也開始展開，主要的原因在於西化之後的日本，缺少傳統救荒濟貧的組織，以往在鄉里間可以得到救助的單位在新時代中無法生存，而新時代的福利設施又尚未建立。再加上明治二十年出現很多自然災害，讓很多人拋家棄子，社會上出現相當多需要養育的孤兒。

此時出現的岡山孤兒院和東京救育院就是為了新時代的需求所創設的，石井亮一也成為東京救育院的創辦者之一。一八九一年的濃尾大地震，在岐阜和愛知等地造成大規模的傷亡，死者超過七千人，震後產生相當多的孤兒，也出現經濟無以為繼的災民，只好販賣人口的現象。

基督教和佛教相關的團體紛紛出動救援孤兒，石井亮一的東京救育院也加入孤兒的救助和收養。由於濃尾大地震的慘況，讓亮一深感福利事業的重要性，而無人收養的女性在災後更是弱勢，所以災後，他帶著一些孤女回到東京，在基督教會的援助下，先在東京創設「孤女學校」，教育她們習得一技之長，可以擔任保母、教師、助產士或是傳道等工作。

智能障礙者的發現

收容孤兒和教育孤女的過程中，石井亮一認識到智能障礙者的存在。當時對於智能障礙者的看法普遍是他們「無法教育」、「免除法律責任」，並採取「隔離政策」，對於石井亮一而言，他認為智能障礙者還是可以教育，在神前每個人都是平等的。

但石井亮一也不是單純的相信透過神蹟就可以照顧這些智能障礙者，由於他的英文不錯，他積極的參考當時外國的文獻，知道美國的做法有大規模的收容與隔離；也有採用小規模的機構。

在石井參考的資料中，對於白癡教育研究最為重要的就是法國醫師愛德華・賽金（Edouard Seguin）在十九世紀首創的「白癡」教育，這成為後世特殊教育的先驅，後來賽金到美國開設小型的智能障礙收容機構，並且透過教育和工作，培養他們的生產力。

石井亮一將他的研究寫成《白癡兒其研究及教育》（一九〇四）一書，他認為「白癡」在身體的發育和運動方面不但都異常，在感覺上也有障礙，像是視覺、聽覺、味覺和嗅覺。在精神上會有語言障礙、偏執或是缺乏注意力等問題。由於此一時期經常將「白癡」與「瘋癲」混合在一起，石井是第一個嘗試區分兩者的學者，他認為：「瘋癲一開始具有一般的智能，但後來消失了。」相對而言，「白癡」則是一開始意識就相當貧弱，但在程度上可以漸漸的進步。

夫婦共同獻身特殊教育

石井亮一的想法後來落實到他所開設的瀧乃川學園，他的妻子：渡邊筆子也支持他的理念，兩人一起為心智障礙者的教育努力。渡邊筆子一八六一年出生於長崎，她是日本婦女教育的推行者，追求女性的教育權，本來在華族（貴族）女校當教務主任並且兼任法語教師。與石井亮一相識之前，已經有三個孩子。而且她對法國醫師愛德華．賽金的心智障礙教育方式也相當熟悉。

石井夫婦兩人都曾經赴美國賓州 Irwin 智能障礙者學校參觀，回國後將相關的教育理念應用到了瀧乃川學園。由於日本對於心智障礙的認識還相當少，所以石井夫婦也要負責師資的培育和相關的教育設施、教材的準備。

一開始設立的學校有農園、宿舍、教室和研究室，石井除了收容智能障礙者外，也想要研究智能障礙者的相關問題。然而，這個時代是明治末期，二十世紀才剛開始，政府對於相關的設施與研究也沒有提供資助，財務的缺口大部分都是從石井夫婦的貸款和基督教會的贊助而來。

但瀧乃川學園最後還是無力經營，只好暫時關閉。隨著時代往前，日本社會也開始注意到財團法人的建立和組織方式。二十世紀初期有些大學，像是同志社大學就是以法人的方式建立，相關的法律也慢慢建立起來。石井夫婦在一九一九年發起第一次的董事會，之後也找到大財閥澀澤榮一[5]的贊助，澀澤擔任第三任的理事長。

由於資金募集得到幫助，學園的相關設施恢復，石井想要發展的研究機構也建立起來。本來在東京巢鴨的學園，後來移轉到東京近郊的多摩，這裡比較符合石井理想中的學校。在武藏野台地上，空氣相當清新，可以將農場、工場、雞舍、禮拜堂和住宿場所等設施都建立起來，從幼兒到年長的生活、教育、訓練、勞動和醫療都包含在內。

石井亮一和石井筆子對於「白癡」的治療與教育，成為日本特殊教育的先驅。

5. 澀澤榮一，（1840–1931）是日本幕末至大正初期活躍的實業家。又被稱為「日本資本主義之父」，被選為日本二〇二四年新發行的一萬元紙鈔上的肖像。

「低能兒」和「白癡」出現的時代背景

透過「白癡」和「低能」的概念，可以看到日本明治維新時期對於他們的認識是隨著政治、社會、經濟所轉變而形成的，也就是在明治維新後所發現的一個新的族群。隨著新的政治體制，有相當多的下級武士和農民變成赤貧，無以為繼，到處流浪。明治政府所建立的教育體制也產生了相當多不適應的學童，這批無法進入新時代規範的族群，從瘋癲、智能障礙、窮人……等，逐漸被劃為特殊的族群，再依據不同的狀況加以分類、收容、研究。

「白癡」和「低能」可以說是時代和社會變動下的產物，透過相關概念的形成，或許我們可以思考現代文明對於我們的影響，造成了什麼樣的差別待遇，甚至因為教育制度區別了哪些人。在石井亮一之後，隨著「白癡」和「低能」的討論，相關的醫師和心理學家也進入這個領域，透過病理學的研究和訪談，後來也發展出心智障礙的量表。

當然不否定以往也有智能較低的人，但如果在明治維新以前，他們可能生活在農村，負擔徭役，過著「正常」農民的生活，不會被劃分為「低能」或是「白癡」。隨著新的教育體系建立，學業表現不好，就被歸類為「低能」，成為新時代所需要「矯正」的對象。

如果「白癡」和「低能」是因為教育體制所產生出來的，當教育的方式改變，是否這樣的族群就會消失呢？歷史很難處理假設的問題，但我們可以思考一下。

從救濟到自力更生：台灣社會福利的先驅

台灣民眾普遍都過著小康的生活，然而，還是有很多窮苦人家。他們有些居無定所、淪落街頭，我們現在稱呼他們「街友」，有不少善心團體和社會福利措施幫助他們。

現在我們知道身心障礙者有不同的分別，有些是因為視力、聽力、智能或心理問題，有些是因為天生，有些因為後天。而且因為障礙，無法工作，也會產生貧窮的問題。

台灣最早的救濟制度

每個社會都會有照顧弱勢的方式，有些較為全面，有些單一，台灣最早福利制度是以窮人的救濟為主。由於貧困無以為繼，此時有仁濟院和普濟院來救助貧困無法生活的人。

清領台灣的時候，一開始對於台灣沒有太大的救濟措施，因為台灣孤懸海外，來到這裡的人都靠自己的努力。在十九世紀後期，越來越多的人渡海來台，清廷發現有很多需要幫助的弱勢，如果不適當地救濟，可能會造成社會問題，當時主要分為救濟貧困、救濟災荒和救援婦孺等。

救濟貧困設施從台南、彰化、台北和澎湖都有，有收盲人、鰥寡孤獨，還有無法醫治的痲瘋病患。當時沒有現代醫學的概念，所以身體有殘缺的或生活無法支持的都收，主要的服務大部分是讓他們溫飽，才不至於出現社會的動亂。

由於台灣的地震、水災和其他天然災害多，設置義倉、社倉和常平倉，災害來的時候，糧食不足，可以提供即使的救濟。除此之外，台灣社會有大量的移民，人口大量增長，但是壓力也伴隨而來，加上傳統社會重男輕女，有溺嬰的習俗。

婦女和嬰兒是最為弱勢的一群，婦女不好找工作，生活難以維持，在清代也出現了救濟婦孺的設施。然而，清代是前近代的社會，救濟的方式和後來現代的方式有所差異。

將所有人都列入戶口

一八九五年之後日本開始統治台灣，在一九〇五年大規模的實施戶口調查，這是清廷政府無法做到的。調查的過程必須了解所有人的姓名、種族、男女、年齡、婚姻狀況、職業、語言、識字程度、不具、鴉片吸食者、是否纏足、出生地、原來的籍貫、什麼時候來台，鉅細靡遺地掌握台灣的每一個人。其中與身心障礙最有關的就是「不具」，就是身體有缺陷障礙的人，分為盲、聾、啞、白癡、瘋癲等五大類，這是第一次台灣出現身心障礙人口的統計資料。

日本明治維新之後，開始有了西方特殊教育和社會工作的現代化概念，在台灣實行的也和西方的社會福利設施制度類似。除了傳統的鰥寡孤獨，還開始在不同的地方有醫療的巡迴制度，在台灣各處義診。日治時代台灣的公衛體系十分健全，讓台灣成為免於熱帶瘴癘之氣還有傳染病的島嶼。

日本政府的社會福利設施較為的全面，從公共住宅、婦女兒童福利、更生人的服導，還有相關的社工，透過「鄰保館」負責救貧、保護兒童、醫療、改善風俗等工作，已經具有現代社會福利制度的雛型。

民間方面，由於台灣人日治時代接受了現代化的教育，他們也開始透過行動來幫助弱勢，而且有現代ＮＰＯ組織的概念，其中最重要的就是施乾。

給他魚吃，不如給他一支釣竿：施乾

施乾是淡水人，一八九九年在日本統治下的台灣出生。少年時的施乾十分優秀，他選擇進總督府的工業講習所學習一技之長，學習製圖、機械和材料等專業。經過三年的學習，施乾成為專業的技術人員。當時台灣很缺少現代化的技術人員，因此施乾畢業後就到了台灣總督府工作，負責工商調查和統計。

施乾的工作相當穩定，是個鐵飯碗。但是，施乾曾經閱讀過日本宗教家和社會改革者的書，像是：西田天香、小河滋次郎。他們對於現代社會問題還有救助措施都有新的想法，了解乞丐不只是個人問題，而是要整個社會一起動手解決。

台灣在施乾以前也有慈善的設施，像是：普濟堂、養濟院和義倉。這些設施救助貧困，施捨給乞丐食物或是救濟窮人。但是，施乾認為如果這些慈善組織都能夠發揮功效，台灣應該不會有那麼多乞丐。顯然，以前的慈善組織在經營和理念上無法發揮作用。

如果想要根本地解決乞丐的問題，施乾認為要確實了解是否有救濟的必要，不要浮濫地給予。還有一點更重要的是：給乞丐錢，不如給他們生活用品。如果有醫療的需求，也要幫他們治好病，然後希望他們能夠像正常人一樣回到社會工作，成為有生產力的勞動者。

因此，施乾不只單純地幫助乞丐，他想要讓他們有工作能力，正常的工作。施乾為了正確地了解乞丐的問題，做了詳細的調查研究，寫了一本《乞食撲滅論》。從統計資料來看，大部分會變成乞丐的人是因為生病、家庭變故或是災難，並不是他們個人懶惰。如果一個社會有乞丐，代表某個部分出現了問題，之後也會產生公共安全的問題。所以，施乾認為，如果家庭或是社會健全，就不應該會有乞丐的出現。

為了要幫助乞丐，施乾成立「愛愛寮」，收容乞丐。但施乾不只單純的收容，給他們飯吃。施乾收容後，有病的安排他們看病，然後接受教育，學習生活技能，最後想讓他們可以重返社會。除此之外，施乾不只在台北成立「愛愛寮」，還想要在每個地方都推行，在基隆、新竹、台中、台南和高雄都紛紛成立。

施乾知道要幫忙乞丐不只要靠政府，他還到處演講，出版書籍，在報章雜誌上獲取大家的注意，希望社會大眾能夠捐款或捐物，喚起大家的注意，很像現在ＮＰＯ組織的營運方式。施乾是第一個將乞丐的問題當作社會問題的，他成立組織處理社會問題，是現在社會福利的先驅。

讓我們接受教育、工作和生活

歧視，無所不在

我們捫心自問，自己是否有歧視？很多人都會否認，但當生活中遇到了以後，那些歧視甚至會產生仇恨。

一九八三年「第一兒童發展中心」想要帶著心智障礙者搬進台北市楓橋社區，但外面卻貼滿著「第一中心滾蛋」。當時憤怒的住戶把要做為庇護工場的地下室鎖上，讓工人無法進入整修。

住戶認為這些心智障礙者「有礙觀瞻」、「有攻擊性，影響孩童的安全」，不希望這些心智障礙者影響他們的生活。

如果我們說一九八三年民智未開，但到了二〇〇三年，中壢啟智教養院的建軍團體家庭要入住的時候，也受到當地民眾潑漆，並且貼滿白布條，還爆發了衝突。

甚至在前幾年育成基金會的東明福愛家園在設置的過程，也受到當地居民的抗議，讓工期延宕，類似的例子層出不窮。

我們生活當中的歧視無所不在，以前稱呼原住民為「番人」，後來叫「山胞」，這幾年才正名為「原住民」。對於心智障礙者的稱呼，最早的「白癡」和「低能兒」都是從日文翻譯來的。

中文稱呼心智障礙者的用語本來是「智能不足」，甚至出現在各種官方的文獻上，後來才改稱為心智障礙者，包含智能和心理的障礙者。以往稱呼聽力、視力，或身體上有障礙的族群為「殘障人士」，後來改稱為身障人士。

或許我們可以思考以往在稱呼「白癡」的時候，也不帶有歧視的色彩，以前稱呼「殘障」的時候，也沒有貶抑。如果是官方的文書中也如此稱呼，應該是帶有中性的用語。

褚士瑩講過一個故事，他有個朋友的孩子患有自閉症，但從小就告訴孩子患的是「肯納症」，因為在一九四三年的時候，美國的肯納（Leo Kanner）醫師發現了「自閉症」（Autism）這樣的族群。「肯納」症成為一種正式的名詞，感覺較為中性。但是當孩子認知自己是「肯納症」的時候，家長要帶他去參加「自閉症園遊會」，孩子相當排斥，問他原因，他說：「那些小孩都是自閉症患者，好可怕！」

身心障礙者會不會對別人有所歧視？或是對社會其他的族群也有歧視？歧視，不只出現在所謂的「正常」人，也出現在所有人的身上。如果我們認知心智障礙者和我們都一樣有感知能力，他們就和我們一樣，就不會有認知上的落差，也不會產生歧視。

要如何不產生歧視呢？

就是從原來不認識彼此到彼此認識，從隔離到融合，這也是台灣心智障礙機構發展的過程。

從隔離到融合

我們都相信人生而平等，但是實踐起來並沒有。我們都相信每個人要接受教育，但不是每個人都有同等的機會，特別是身心障礙者。由於身心障礙者在感官方面有難以克服的障礙，所以要社會尊重他們生而為人應享有的權利，才能讓他們受到保障。

以往身心障礙的學童大多被隔離，接受跟一般人不同的教育，但在一九七〇年代之後，全世界的趨勢都傾向讓身心障礙者回到一般的學校，一般學校要零拒絕、非歧視性的評量，免費且提供適當的教育，以及最少限制的環境，並且用適當的程序讓家長與學生參與。

台灣戰後的特殊教育，政府的角色並不大，大多是私人的慈善事業，身心障礙者在教育制度裡面，大多數是被排除的。台灣社會開始較為注重身心障礙者的權益還是跟台灣整體社會的改變有關，一九八〇年代由於社會運動的開始，人民不滿長期的一黨專政，開始尋求自己的權利，身心障礙者也在此時謀求自己的權利。

「殘障福利法」在一九八〇年代的通過，才宣示了國家對於障礙者權利的服務。然而，社會大眾對於身心障礙者的權利仍然沒有適當的認識，「楓橋事件」之後，智能障礙者的家長開始展開集體行動，要求政府介入社區，排除對障礙者的歧視，同時讓他們有正常生活和教育的權利，還有無障礙的行走空間。

台灣雖然在一九六八年施行「國民教育法」，明令每個國民都有受教育的權利和義務，但是入學條例准許身心障礙者在家自行接受教育或在機構中接受特殊教育，很多學校反而可以拒絕身心障礙者入學，讓很多家長不滿。一九八四年，五百位家長聯名陳情，希望能夠做到「教育零拒絕」，讓身心障礙的學生也能與一般學生一起學習。

除了教育，身心障礙者長期的工作權和政治權也被忽視。本來身心障礙者可以靠賣「愛國獎券」生活，當時很多賣彩券的都是身心障礙者，然而一九八〇年代台灣的賭博風氣相當盛行，將愛國獎券的開獎號碼和非法賭博連結在一起，政府為了抑制賭博風氣，停止彩券的發行，斷絕很多身心障礙者的唯一生計。

透過大量的請願和抗議，民間團體要求政府正視身心障礙的工作權和教育權，甚至政治權，並且聯合各種障礙類別，成立「中華民國殘障聯盟」，推舉自己的立法委員候選人。

當時的法律有很多學歷上的限制，身心障礙者無法入學，根本無法參選，也間接地限縮了他們的公民權。「殘障聯盟」的創辦人劉俠女士，也是筆名杏林子的知名作家，由於疾病產生的身體障礙，連國中學歷都沒有。她透過「投票給輪椅作家進入立法院」的事件，進一步的彰顯身心障礙的政治權。

身心障礙者的權利不是天生就享有，他們透過行動，彰顯社會的歧視。一九九七年也將「殘障福利法」改為「身心障礙者保護法」，更加明確的訂定相關的規定。

身心障礙者追求權利的過程並不是為了自己，而是整體的社會。台灣身心障礙人口人數已經高達一百多萬，主因是人口老化，老化造成慢性疾病與身心障礙人口的增加，我們或是我們的家人都有可能成為身心障礙者，如何讓我們社會成為一個與障礙者共融的社會，才是我們努力的方向。

有障礙的人就沒資格活著嗎？一段身心障礙人士爭取權利的故事

日本神奈川縣在二〇一六年六月發生了二戰以後最大的屠殺事件，一共有十九人死亡、二十六人受傷。案發地點是當地照顧智能障礙所「津久井山百合園」，行兇的人植松聖曾經在此工作，後來離職，他曾經預告犯罪，向眾議院議長大島里森寫信，內容的重點：

「要是沒有障礙者就好了！」

「我要讓殘障者可以在監護人的同意下安樂死。」

「殘障者在社會上生存有太多困難。」

植松聖認為障礙者不應該存在這個社會上，因為他們有太多的不方便，所以殺了他們等於是解脫。這樣的邏輯在台灣也發生過很多起。

台灣沒有發生蓄意進入智能障礙者場域的殺傷事件，但如果注意新聞，每年都有不少人倫慘案，大多都是照顧智能障礙者或是腦性麻痺患者的雙親，由於長久照護自己的孩子，不堪負荷，最後親手殺死自己的孩子。

「大家都累了，我想殺了你好嗎？」這是二〇一五年的案子，四十一歲的何姓男子因為家人長期照護腦性麻痺的兒子，無以為繼，全家都被拖累，趁著駕車載兒子出遊的機會，問兒子這句話。何姓男子聲稱兒子同意，於是他掐死自己的兒子。案後，向警方自首。

台灣殺害自己患有心智障礙兒子的案例很多，行兇者會得到什麼樣的處罰呢？

二〇〇八年台南有位顏姓的早餐店老闆，因為重度智能障礙的兒子吵鬧，影響到了全家人和隔壁鄰居的睡眠，就拿著絲巾勒死自己兒子。後來顏姓男子自首，辯稱犯案動機是擔心夫妻年邁之後，無人能照顧這個孩子。

法官的判決以「憐憫殺害」再加上自首得以減刑，雖然犯下的是殺人罪，但顏姓男子僅判兩年六個月，上訴後還可以再減輕其刑。

同樣是殺人，但殺害智能障礙者或是腦性麻痺的病患，罪責應該要比較少嗎？因為他們無法自己生活，就可以奪取他們的生命嗎？那麼日本神奈川障礙者殺傷事件的犯人植松聖也可以減免其刑嗎？

透過這兩個案例，我們可以思考台灣和日本社會對於障礙者的想法是什麼？而且，從另外一個角度而言，腦性麻痺患者是怎麼想這件事的呢？

腦麻者追求生存的權利

是的，他們不僅有思考能力，還有反抗的手段，面對整體社會忽視他們的生存權感到憤怒，形成組織，向政府提出要求，這就是一九七〇年代神奈川縣「青芝會」（青い芝の会）的故事，是一群腦性麻痺者爭取生存權的奮鬥故事。

青芝會是由橫塚晃一發起的組織，一九三五年出生於埼玉的橫塚，十個月大的時候由於連續一週的高燒不退，造成腦性麻痺，不僅全身的行動有問題，在語言功能上也受損。從小進入日本的特殊學校，也收容進「國立身體障害中心」（現在的国立障害者リハビリテーションセンター）。

大型的政府收容機構將身心障礙者視為特殊的群體，一起收容，方便管理，但後來橫塚離開了政府的福利體系。他在自家養雞，二十八歲時（一九六四）茨城縣的僧侶大佛空組織了一個障礙者互助的團體（「マハラバ村」），組成一個生活的共同體，彼此之間自給自足，將近三年兩個月的時間，橫塚在共同體的村莊中，和同樣是腦性麻痺的患者關口奈美（関口りゑ）結婚，兩人相知相惜。

在共同體的村落中，障礙者相互照顧，也溝通討論障礙者與社會的關係。橫塚晃一做為一名障礙者，開始有了自覺，不再只是單純接受政府的施捨，而是主動反抗社會體制。促成橫塚反抗整個體制的，主要因為兩件事。

媽媽，不要殺我！

在一九七〇年五月，橫濱發生了母親殺害智能障礙孩子的事件，當時母親自首時，宣稱自己殺了所愛的孩子。從報紙、電視還有橫濱的社會團體，都認為母親是「憐憫殺人」，一面倒地認為要減輕母親的刑責。因為養育智能障礙的小孩十分辛苦，而且沒有相關的設施收容這樣的小孩，無法道盡的心酸誰人知。

我們來看看當時的報紙：**母親殺了腦性麻痺的孩子，已經決定自殺，長年的照顧，心力交瘁，連續不斷的障礙者家庭的悲劇！**

——《每日新聞》

而《朝日新聞》、《東京新聞》和各大媒體當時的輿論都和母親站在一起。但橫塚晃一所帶領的「青い芝の会」卻大力抨擊，並且指出這樣的想法只會把殺害智能障礙者正當化，無論何時殺害障害者都是可以的。若母親殺害障礙者是沒有辦法的事，是否表示沒有機構收容的話，智能障礙者就沒有生存的權利？

橫塚認為殺人就是殺人，即使母親說：「對這個孩子來說，死了還比較幸福！」但母親也沒有權利決定小孩子的生存權。為什麼社會、媒體和周邊的人都同情母親呢？母親辯稱找不到施設可以安置，那如果一般正常的小孩找不到托兒所，母親殺死小孩，也可以得到同情嗎？

青芝會認為社會對於身心障礙者有「差別意識」，將這群人的生存權看得比一般人低，所以媒體和輿論一面倒地支持加害者的母親。

將心智障礙者排除在「正常」的空間外

橫塚除了對於法律面的生存權提出抗爭，也針對福利設施的相關措施展開深刻的論述。母親認為沒有機構可以收容，她才「憐憫殺人」，但橫塚認為問題的根本不在於是否有機構收容，而是整體的社會將心智障礙者排除在「正常」的空間外，並不是從障礙者的角度來思考問題。

一九七〇年代日本收容心智障礙的設施，基本上是將障礙者隔離於社會之外，在這樣的場域與設施中，平日無法見到自己的兄弟姊妹，也無法見到父母，而且讓他們遠離從小長大的家鄉，「集中」收容，以「方便」管理。由於青芝會反對大規模的設施收容，反對將殘障人士做為「特殊族群」加以隔離，而是要「建造為了身障者居住的街區」、「建造福利的街區」。

如果我們回顧日本歷史，歷史學家普遍認為一九六〇、七〇年代有「所得倍增計畫」[6]、「高度經濟成長」，而且日本是亞洲第一個辦奧運的國家，從二次戰後的貧窮走向富裕，但這樣的歷史觀卻隱蔽了障礙者存在的事實，因為大規模的建設，相關的職場災害問題、交通事故也造成大量的身障人士。除此

6. 一九六〇年日本池田勇人內閣規劃並實施的一個長期經濟計畫。計畫自一九六一年起，年經濟成長達到11%，用十年的時間讓日本的國民生產總值增加到二十六兆日圓。

之外，在工業快速發展中，也因為汙染造成了新的病，像是水俁病、森永砒素牛奶傷害的兒童……等。

由於社會追求「生產力」、也將「生產力」視為人存在的整體價值觀，缺乏「生產力」的人就是多餘的，居住的街道、生活的城市沒有障礙者行動的空間，青芝會認為城市中應該要有：

1. 輪椅可以自由行動的道路。
2. 消除人行道和車道間的階梯。
3. 公共建築物和地下鐵需要有電梯，供身障人士使用。
4. 學校教育中對於障礙者應該要有正確的認識，排除歧視的用語。
5. 政府應該補助身障人士外出的費用。

青芝會強調這是一個城市最低的要求，一個有人性的城市應該要有的設施，但這些看起來並不激進的主張，但在七〇年代首先向橫濱市長請願時，卻得到非常官僚的回覆，以有困難或是不可能來回覆他們的請願。

青芝會除了向政府請願外，也向各式各樣的交通機關提出要求，他們認為每輛公車都要有一個輪椅可以使用的空間，並且方便上、下。對於交通運輸公司而言，不管是電車或是公車，提供一個輪椅的空間，等於喪失了好幾個「正常」人可以站或坐的地方，少賣了好幾張票，容易造成虧損。青芝會透過腦性麻痺患者的串聯，占據二十八輛公車向大眾表明他們也需要行動和生存的空間。

強烈的抗爭手段

青芝會為了得到社會大眾關注，以強烈的行為來引起社會關注。在一九七三年，青芝會向鐵路小田急線的梅之丘車站反映，需要設置殘障專用的坡道，但小田急卻說「進站的人沒有殘障人士」。青芝會於是號召身障人士大量進入新宿站，讓小田急意識到身障人士的存在，而橫塚晃一則更激烈，橫臥在鐵軌上以凸顯主張。

然而，或許是一九七〇年代的學生活動太多，當時的反安保、全共鬥占據了媒體的目光，而且經常將之視為「過激」的抗爭，反而讓他們的主張沒有得到注意，青芝會也被歸類為「過激」團體，訴求沒有得到正視。

一九七五年時的橫塚晃一身體就已經相當虛弱，三年後的一九七八年離世，到死之前他都還在為身心障礙的福祉鬥爭。從現在的福利設施而言，橫塚晃一當時所提的福利主張都是理所當然的，是政府、社會團體、民間單位在空間和建築設計時都要考慮到的。

橫塚晃一以一個腦性麻痺患者的視角，控訴「正常人」的社會如何忽視身心障礙者的生存權，透過行動、透過著作來反應，社會的進步向前不應該踩在另外一群人身上。

讓所有人都能夠生活的國家

所謂的「正常」？

走進坐滿的會議室，這場會議由監察院長，也是國家人權委員會的主任委員陳菊主持。在防疫期間，她戴著透明口罩，由於聽覺障礙的朋友平時讀唇語要靠唇形才能理解，在疫情期間有溝通上的困難，透明口罩可以讓有聽覺障礙的朋友便於溝通。

陳菊主持這場會議是CRPD的座談會，什麼是CRPD呢？就是《身心障礙者權利公約》（The Convention on the Rights of Persons with Disabilities），是由聯合國通過的國際公約。

身心障礙者的人權是什麼？我們正常人擁有的，身心障礙者都要有，這是他們基本的權利。但不是由我們「正常人」的立場，而是由身心障礙者所經歷的人生和角度出發。

以往我們生活的空間，還有生活上的大小事，都是排除身心障礙者，為了「正常人」設計。如果我們都同意國家應該要保障所有人的權利，不會有人因為身體、心靈和智力上生病或有障礙，就遭到社會排擠，遭遇到不公平的對待，那我們就應該要平等地對待所有的人，排除不平等的環境、規定和社會氛圍。

身心障礙者有些是天生造成的，有些是後天造成的，台灣有超過一百二十萬的身心障礙者。

每年在台灣因為交通事故死亡的人將近三千人，受傷有四十七萬人。在受傷的人當中有部分成為障礙者，輕度還可以恢復，重度則可能一輩子癱瘓或是坐輪椅。

想像有一天自己或是家人，還是認識的朋友們因為車禍而受傷，成為障礙者的時候，會希望社會如何看待你？

除此之外，台灣正要進入超高齡國家，伴隨著老齡化，長者的身體較為緩慢，也可能會出現行動不便的狀況。

身心障礙者就像很多弱勢族群一樣，心智障礙者以往被當成「白癡」、「低能兒」、「笨蛋」，身體障礙者則被當成「殘廢」。從歧視殘廢，到認為社會和政府有責任提升身心障礙者的權益，這條路走了很久，我們來看看這段不容易的歷史。

從廢、殘、疾到身心障礙者

傳統中國對於身心障礙者的觀念來自孔子的〈大同篇〉：「鰥寡孤獨廢疾者，皆有所養。」以往將老廢、乞丐，還有身體疾病的都收容在一起。以現在的角度來看，他們都因為不同的情況而遭到主流社會的排擠，沒有辦法為自己的權益發聲。

以往由於沒有足夠的戶口資料，無法知道身心障礙者到底有多少，也沒有歷史學家了解他們的處境。日本時代開始有了戶口調查，對於身心障礙者的稱呼是「不具」，其中包含了盲、聾、啞、白癡和瘋癲。所謂的「不具」就是缺乏和不完整的意思，做為一個殘缺而有所不全的人。

從清領到日治時期，開始有些傳教士，同時具有醫師的身分，像是一九一一年來台的加拿大籍的戴仁壽醫師（Dr. George Gushue-Taylor），在台南他首次接觸到癩病的患者，看到疾病給患者帶來的痛苦，十分驚訝。由於沒有足夠的知識，回到英國進修。

戴仁壽醫師再度來到台灣之後，接掌了台北馬偕醫院，開辦了癩病的診所，後來得到日本政府的幫忙，成立了「癩病醫院」，也就是後來的「樂生療養院」，專門收治癩病病患。

除了癩病患者，戴仁壽醫師也積極奔走，在八里成立「樂山園」，收容孤兒，還有智能低下的兒童。

日治時代用「殘疾」的概念理解身心障礙者，戰後則是用「殘廢」，所包含的族群有盲人、聾啞和肢體殘缺，當時甚至規定如果有身體殘廢或患不治之症的人無法參加選舉，國家主動排除身心障礙者的公民權。

戰後全台各地的身心障礙者透過協會的設置，開始推展相關的福利，後來將「殘廢」一詞改成「殘障」。由於一九五〇到六〇年代小兒麻痺的流行，當時很多教會成立相關的養護機構，主要的資源都是國外來的教會組織。

全台各地的教會組織，除了小兒麻痺以外，也將他們的照顧對象普及到其他的身心障礙者。從「廢」到「障」，雖然沒有了「廢」如此強烈且不尊重的字眼，但仍然將「殘」缺不全的概念賦予在身心障礙者之上。

身心障礙人士後來為了推動自身的權益，開始向政府爭取。立法院在一九八〇年通過「殘障福利法」，當時明訂七類族群為法律適用的對象，分別是：視覺、聽覺或平衡機能、語言機能、肢體、智能、多重殘障或其他經主管機關認定的障礙。

然而，國家雖然通過了殘障福利法，對於身心障礙者的限制還是很多，甚至將他們視為造成其他人困擾的族群。台北捷運尚在規劃和設計階段的時候，沒有將無障礙設施設計在捷運當中，認為殘障朋友搭乘捷運有可能發生危險，而且逃生時會造成其他乘客的障礙。

除此之外，還有一半以上的大學科系限制殘障人士的報考，當時教育部的反應是：「體諒殘友念那麼多書，如果還找不到工作，更增加他們的挫折感，不如一開始就設限，也免占名額。」可見還是從限制和隔離身心障礙者的角度加以思考。

身心障礙者在一九九〇年代以前，很重要的生計來源就是販賣「愛國獎券」，然而由於台灣經濟狀況大好，民眾熱中賭博，有大家樂、六合彩等不同的賭博方式，間接地影響了「愛國獎券」的福利性質，政府停止販售，讓身心障礙者的生計陷入困難。

此時全台身心障礙者族群已經組成不同組織，四十多個團體、五百多人上街頭，要求政府在法律中明訂公司超過一定規模必須聘雇身心障礙者，讓他們可以就業，生計才會獲得保障。

解嚴之後，社會運動風起雲湧，身心障礙者也積極的推動自己的權益，讓身心障礙的聘用落實，還有明確了交通工具和建築的無障礙設施。

二十一世紀以後，對於身心障礙者概念的理解，從肢體上的「殘」，漸漸地擴大到心智障礙者，而且著重在社會與環境所造成的「障礙」，政府和法律有必要解決相關的障礙，促進他們的健康權、教育權、經濟安全、人身安全，並且提升他們的生活品質。

Stay Dream，身心障礙者的第二個人生

小一的兒子有次洗澡的時候跟我說了一個故事，讓我很感動。我們都會在橡木洗澡桶中聊一些事情，他說：「今天我們在學校看了一部影片，有一個人從火車掉下來，沒有了手，但他用嘴巴打桌球。」

對於身心障礙者敏感的我，就問：「他有去參加比賽嗎？」

「他去參加帕林匹克，不是奧林匹克。好奇怪喔！」兒子說。

「之前我們在電視上看到的羽毛球比賽，你還記得是奧林匹克嗎？」我問。

「啊！但他們都有手。」兒子說。

「所以帕奧的『帕』是英文的para，好像兩條線一起走，只是這條線上的運動選手跟我們不大一樣，有些沒有手、有些沒有腳。」我說。

「我看到影片中的那個選手用嘴巴咬著拍子擊球，發球時則靠腳ㄟ，還能夠殺球。超強的。」兒子說。

「你覺得他跟我們家裡看到這些的孩子有什麼不同？」我問。

「我們家的都有手有腳啊！只是有些走路怪怪的。」他說。

「他們的腦袋嘞？你問隔壁的那個阿亮一加一等於多少他是不是不知道，雖然他有手有腳。」我說。

「所以他們只是跟我們不一樣，有些人沒有手、有些人沒有腳，有些人不會一加一。」兒子說。

「對，就像爸爸很多事情也不會，你也一樣。我們有的事情可以做得到，有些事情做不到。」我說。

很開心學校的老師放帕運選手易卜拉欣・哈馬托（Ibrahim Hamadtou）的影片給學生看。他在十歲時，因一場火車意外失去雙臂，這一路成長過程中少不了被嘲笑、鄙視的日子。

在帕運的場合裡，他用嘴巴咬著拍子擊球，發球時則靠腳拋球，甚至還能夠殺球。兒子從小跟心智障礙的朋友生活在一起，昨天他回家跟我說學校放這樣的影片給學生看，我很感動。

面對未來高齡化和少子化的社會，我覺得台灣不需要一味追求競爭力，而是關心別人的能力。知道我們每個人的差別，不管是好手好腳、到各種性別、年紀、心智障礙的差別，看到每個人的不同，而不是在不同上做區別和歧視。

身心障礙者他們經歷了人生的低谷，在第二個人生仍然可以展開逐夢的道路。

Stay Dream

我很喜歡看日本的綜藝節目《跟拍到你家》（家、ついて行ってイイですか？）

在車站等待搭乘不到最後一班電車回家的旅客，藉由代付計程車費，然後進到別人家裡，了解他們的生活。

各色各樣的人都在節目當中出現過，每個人的人生故事也相當精采。有一回一個年輕女生錯過了末班電車，製作單位陪她回家後，通向二樓的電梯有方便輪椅爬升的升降機。她的父親由於脊髓損傷，下半身不良於行，坐著輪椅下來。

然而，製作單位卻在家裡的照片上看到了偶像歌手長渕剛與父親的合照，還有滿滿的獎盃，都是父親舉重獲得的獎盃。原來她的父親是舉重選手三浦浩。

製作單位問父親為什麼不良於行，當初因為擔任樂隊管理員，做為現場的工作人員，在一場巡迴的搬運途中，卡車中很重的東西壓下來，背骨斷了，無法走路。

然而，他想到的是：「既然沒法走路，就只能考慮其他能做的事了。」選擇成為音樂現場的工作人員有後悔嗎？完全沒有！因為長渕剛是他的偶像，跟著偶像一起是他人生的夢想。長渕剛後來的演唱會繼續雇用他當工作人員，而且每次都會接送他。來回一個月之後，發現自己即使不良於行，也可以繼續工作，增加了自信。

三浦浩二〇〇二年脊髓損傷，在二〇〇四年的雅典奧運看到了帕奧的舉重項目，才開始練習舉重。一邊繼續在長渕剛的演唱會上擔任工作人員，一邊練習。後來由於害怕影響長渕剛的演唱會行程，想要完全投入舉重，並且代表日本參加奧運，他跟長渕剛說：「無論如何我都要去參加奧運。」於是他在二〇一一年完全投入運動，二〇一二年的倫敦、二〇一六年的里約奧運，都代表日本出場。

倫敦奧運得到第九名，里約奧運得到了第五名。

從鏡頭上可以看到，他在家裡的每個空間中都可以練習，帶著輪椅仰體向上，廁所也可以健身，利用扶手訓練拉力。

二〇一五年，三浦浩獲得了世界握推的冠軍，但不是身心障礙者的，而是一般人的。當時所有選手中，只有他是身心障礙者。他用弱小的身體，強健的上半身，舉起了一百四十五公斤，成為了世界冠軍。

「成為障礙者之後全心投入，才可以參加奧運，如果以前身體健全的話可能不會練到這樣的地步。在某種程度上，也算是享受了第二次的人生呢！」

他在舉重練習中都會聽長渕剛的歌，〈Stay Dream〉這是幫助他從絕望中走出來的歌，當腿不能動以後，聽著〈Stay Dream〉走出來。二〇一六年當他從里約回來之後，長渕剛對他說：「你超強的！」人生的偶像跟他說的這句話，有如神啟。

採訪最後，製作單位問女兒父親是什麼樣的人，女兒說：「唯一尊敬的人。」女兒說父親一邊承受著這些，一邊負擔家裡的經濟，還完成自己的夢想，讓自己也想要這樣做。

取材三年之後，二〇二〇年十二月製作單位再去追蹤，二十九歲的女兒已經生子，還成為創業的老闆。然而，父親三浦浩二〇一九年得了褥瘡，屁股的皮膚壞死，發燒住院了一陣子，在二〇二〇年一月開始重訓。本來以為沒事，但五月又患上腎盂炎，無法正常排泄，也無法練習。東京奧運的延期他反而覺得是幸運的事情，可以重新鍛鍊，現在反而是狀況最好的時候。

二〇二一年八月二十四日東京帕林匹克運動會開始，三浦浩在生病之後，代表日本參加四十九公斤級的舉重。不管成績如何，我的生命被他啟發了。

有些身心障礙者是天生的；有些是後天的，因為一場意外，一場無可承受的重量壓在自己身上，讓人生跟過去所預想的不同。但第二個人生也就開始了，看著我周圍的身心障礙者、帕奧的選手們，你們為我們展現了生命的姿態。

〈Stay Dream〉

令人想死的程度的痛苦悲傷

死んじまいたいほどの苦しみ悲しみ

總體會過一、兩次如此的心情
そんなものの　ひとつやふたつ

無論是誰都背負著一些東西
誰もがここあそこに　しょい込んでるもの

即使坐著悶悶不樂，答案也是Nothing
腰をおろし　ふさぎ込んでも　答えはNothing！

不管是先天或是後天所造成的障礙，身心障礙者們跟我們一樣，有自己的夢想，即使遭逢巨變，只要克服身體與心智上的障礙，就能繼續在人生的舞台上發光發熱。

第二部

陪伴一輩子的
真善美
社會福利基金會

如果一粒麥子不死：創辦真善美的故事

父親不到六十五歲就因為罕見癌症過世，攻讀歷史學的我，責無旁貸的負起寫傳的責任。幫自己的父親寫傳記不容易，容易陷入思念的悲傷情緒，但秉持著歷史學的專業，我還是將父親的一生勾勒出來。

「取之於社會、用之於社會」

偉大的人創造出時代的方向，且建立標準，讓後起的人得以追隨；偉大的人豎立起高度，讓來者難以望其項背；偉大的人讓晚輩得以站在其肩膀上，看得更高、更遠，父親就是這樣的人。

眾人所熟知的父親，是真善美社會福利基金會、真善美啟能發展中心、真善美家園和仁友愛心家園的創辦人；大家所不熟悉的父親於投身社會福利事業之前，是個心算天才、卓越的教師、成功的商人、子女眼中的模範父親、妻子心中的最佳伴侶。

父親出身於台灣中部的鹿港小鎮，為家中的長子，由於家境並不優渥，一肩扛起侍奉父母與照顧弟妹的責任，因此決定學習一技之長而進入省立彰化商業職業學校，習得會計、商業與珠算等專業技能。就學彰化高商期間，為校內最知名的人物，曾經獲得無數次的珠、心算比賽冠軍，諸如：民國五十三年的全國珠算比賽冠軍、第一屆全國珠算檢定最高段。甚至曾經在鹿港街頭遊街慶賀，為家中兄弟姊妹的榜樣、街坊鄰居稱道的楷模。

彰化高商畢業之後，十八歲的父親因為專業技能的優異而獲聘為高職教師，投入技職教育，曾經任職於彰化達德商職、台中明道中學和中壢高商，在沒有電算機的時代，為台灣的銀行界與商業界培育相當多的珠算人才。

任職於中壢高商二十多年，適逢台灣工商業轉型，政府鼓勵外銷產業，我的父母成立宏瑩皮件有限公司與舟基企業有限公司，專營皮件、皮包與皮飾，透過會計與商業方面的長才，父親累積了一些財富，使得家庭生活的品質較為提升。

秉持著「取之於社會、用之於社會」的心態，父親在民國九〇年代台灣代工產業逐漸下滑的時候，結束了皮件的產業。在偶然的機會中，與一群志同道合的朋友，投入社會福利事業，關注心智障礙人士，開啟了人生的另外一個事業，也影響了台灣社會福利事業。

台灣雖然已經進入現代化的社會，但是社會福利組織與非營利機構的經營仍然在初步的階段，父親認為人生而平等，他尊重天生萬物，關注社會邊緣的心智障礙者——憨兒，他們不但遭人歧視，更因為需要加倍的照顧，也使得家人身心俱疲，甚至造成許多不幸的社會事件。

創辦真善美

有鑑於此，一九九八年，父親結合志同道合的友人，成立仁安啟智教養院

真善美社會福利基金會創辦人胡得鏘（右）。

（二〇〇三年更名為真善美啟能發展中心），並陸續於二〇〇一年在南投成立德安教養院、二〇〇二年成立仁友愛心家園、二〇〇九年統合旗下所屬機構，設立真善美社會福利基金會，增設真善美家園及希望家園，照顧了一百八十八位憨兒，服務於機構的專業教師將近兩百人，再加上數千位志工的投入，專門照護無助憨兒，協助政府與社會減輕這些家庭的生活壓力及其所衍生的社會問題，累計服務內、外部心智障礙人數超過一千人次。

父親透過會計的長才，解決社福機構面臨的財務問題，因為政府補助有限，加上服務對象大部分係中低收入戶無力承擔付費，以致經費不足，所幸得到諸多社會善心人士捐助勉強度過難關。為使所有的服務對象受到周全的照料，父親要求全體工作人員付出愛心與耐心，並結合志工無私的奉獻，不斷的摸索，在專業領域力求進步。諸如依服務對象個別情形給予不同的照顧與教導，包含日常起居及休閒活動，協助他們獨立自主的生活，融入社會甚至於學習就業，使所有的服務對象能建立自己的信心及尊嚴。

父親十幾年來的努力，受到社會各界的肯定與支持，旗下機構數度獲得內政部主管單位評鑑為優等的機構，前任正副總統陳水扁先生、呂秀蓮女士與當時的正副總統馬英九先生、吳敦義先生也蒞臨指導，為全國社會福利基金會的典範。為貫徹創立的理想，特聘請社會賢達及專業人士參與董監事會，有效監督及指揮運作，尤其珍惜來自社會的資源，不論是一磚一瓦或一分一毫，均主動透明的交代，更致力於培養人才，建構制度並實施電腦化資訊管理，為永續經營奠定基礎。希望將來能提供更完善的服務，造福更多心智障礙者，成為台灣非營利組織與社會福利事業的領導者。

父親不僅創業有成，且家庭生活美滿、夫妻鶼鰈情深，母親擔任基金會董事長，兩人四十年來形影不離，不僅是生命中的伴侶，也是事業中的最佳夥伴，為眾人所欽羨的佳偶。父親對於子女的教育非常注重，膝下育有一男一女，除了讓子女們在溫馨的環境之中成長，也讓他們自由發展自己的興趣，追求人生的價值。

在家庭、事業之餘，父親對於同業、同鄉和同學皆大公無私、急公好義。真善美社會福利基金會為同業之間的典範，但父親卻不吝於分享自身成功的方式與資源，共謀整體的進步與成長。對於旅外的彰化同鄉，父親也擔任同鄉會的幹部，相互扶持、不遺餘力。對於同為彰化高商的同學之間，彼此聯絡情誼，且熱心參與「台北市彰商校友會」，本欲八月接任校友會會長之職，不幸病逝，校友追贈「榮譽會長」以表彰其貢獻。

父親過世半年前雖然罹患癌症，但仍勇敢面對疾病、積極接受治療，由於所患為罕見的腹膜癌，台灣缺乏病例，雖經長庚、台北醫學大學、萬芳醫院等名醫治療仍然束手無策，於二〇一四年七月九日因腹膜癌末期所併發的多重器官衰竭卒於正寢，享壽六十有六。父親在病危時仍表示願意提供個人的醫療過程與病歷供後續做醫學研究，台北醫學大學也舉辦研討會以研究這種特殊病例，其奉獻社會與造福人類的精神值得敬佩。

西方俗諺有云：「如果一粒麥子不墜入土裡而死，仍舊是一粒麥子；如果麥子墜入土裡，就有機會結實纍纍。」父親雖然離開我們，但是他所散播的愛心種子、處世行誼、風範義舉，在真善美的大家庭之中已經結滿了果實，今後其典範將夙昔於眾人的身旁，其精神更待眾人發揚光大。

民國99年2月6日，馬總統來訪真善美。

有兩百多個憨兒的辣媽

「今天讓我見證偉大的愛情，與兒女私情比較，捐土地興建愛心家園的胡得鏘、謝秀琴夫婦所表現出的大情大愛，才是值得人們歌頌的。」

呂秀蓮副總統在真善美社會福利基金會的機構仁友愛心家園剪綵揭幕的時候說。副總統表示，明天是西洋情人節，她希望愛心家園的設立可以嘉惠鄉親，她也感謝即將在愛心家園工作的好夥伴，並給予他們誠摯的祝福。

我的家庭真奇怪！

我的父親創辦了真善美社會福利基金會，但背後有個不可或缺的靈魂人物，就是我的母親。老媽常說她以前生活在大雪山上，外祖父是伐木工人，家裡有五個妹妹。如果有哪一個哭了，下雪的時候就用雪把她的嘴巴堵住。

夫妻倆原本一無所有，後來母親和父親兩個人努力工作，憑藉著自己的努力和台灣社會的力量，賺取了一點財富。

父親退休前為中壢高商老師，媽媽則自己從商。早年學校並沒有根據智能分班，在一次機會下，接觸到智能不足且弱勢的學生，體會他們困境，於是爸爸退休後，他們倆毅然決定成立教養院，收容超過上百名憨兒，訓練他們獨立自主的能力。

以前營運資金不足，夫妻倆還把退休金拿來照顧憨兒，從自理訓練、外出到洗車場工作，還訓練憨兒組成啦啦隊表演團體。

模範母親

我之前看媒體報導：「中壢市龍昌里今年推薦的模範母親謝秀琴有上百個

小孩？」這句話傳出時很多人驚訝。仔細看才發現原來她是真善美社會福利基金會的董事長，照顧上百位中重度智障的喜憨兒長達二十年，在喜憨兒眼中，謝秀琴就是他們的「媽媽」。

市長葉步樑來到真善美啟能發展中心，頒贈模範母親當選匾額給我媽，表揚她自民國八十七年以來長期照顧基金會的喜憨兒。喜憨兒們也自製感謝布條，感謝「辣媽」對他們的細心照顧。他們私下也會以「辣媽」這個暱稱叫她。

市長說我媽獲選模範母親是實至名歸，每天忙著喜憨兒生活開支、教育、就業問題及老年安養等問題煩惱操心，默默為這群社會邊緣人投入安養及服務，值得社會肯定與褒揚。

龍昌里長范金水也說，謝秀琴擔任中心大家長，細心照顧喜憨兒，還要協助找工作。她不只照顧中心的孩子，連自己一對兒女目前都在美加兩國攻讀博士學位，回國也會投入院生教養工作，甚至她從教育界退休的先生也一樣，一家子幫助弱勢，還不時上街打掃環境。他推薦謝秀琴為模範母親，里民都很認同。

我媽得到「模範母親」，是因為在心中把喜憨兒都當成自己小孩般照顧。她指出，這些孩子先天不足需花更多時間照顧，看見喜憨兒在外面能找到滿意工作，這才是她的最大成就。

夢裡的憨兒

慈善之路並不容易，由於爸爸因病過世，獨留我媽一人苦撐重擔。但爸爸臨走前特別叮嚀她要繼續貫徹服務憨兒的遺志，媽媽也打起精神，強忍悲傷繼續照顧弱勢憨兒。

二〇一八年我回到台灣，決定跟媽媽一起承擔照顧憨兒的責任。媽媽對於憨兒們的感情有如親生的兒女，去年照顧很久的憨兒因為車禍過世隔天早上，我媽跟我說：「我夢到阿亮在真善美的庭園穿著七分褲笑著，跟朋友聊天。」

阿亮在她的身邊二十三年，我從高中畢業後就離家，一直到二〇一八年回國，聚少離多地跟父母在一起。

阿亮從讀國小資源班的時候就住在真善美了，我媽曾經當過小學的家長會長，但那時我已經念台大的研究所了。我在念書的時候，她從來沒參加過家長會，她說：「念書是你念還是我念？念不下去就去找工作啊！每個人都要為自己負責。」

她當家長會長是因為同時有十多個孩子在同一個學校的啟智班，是學校最多孩子的家長。那年畢業，我媽拿到畢業紀念冊，裡面沒有啟智班的孩子。我媽跟校長說：「為什麼沒有我們家的十幾個憨兒？」

「他們應該不需要吧！」校長說。

「你希望我去跟媒體討論一下這件事嗎？我覺得這件事情滿值得報導，如果你們缺錢沒辦法幫啟智班的孩子印，我可以幫你們募款，但這些啟智班的孩子就是要跟一般孩子印在一起。」我媽強悍的正義感總是讓我敬佩。

保護憨兒的權益，將他們當成正常的孩子一樣對待。

跟著母親繼續發揮大愛

父親走了，往年的母親節只有一家三口度過，我和老媽還有小犬，如果從血脈的關係來說是如此，人丁單薄但有好幾百個人都把我老媽當成媽媽。

父母親買的土地、蓋的房子，現在都是喜憨兒在住。我們和喜憨兒住在一起，這裡是我以前高中時候住的地方，本來連路都沒有。但是因為他們投注的心血，讓真善美成為社福界的典範。

我還記得有年母親節，快要七十歲的媽媽，吃完午餐仍然想著真善美新屋院區的建築，和我討論著工程進度。

從小我不管什麼時候，都看到父母親努力的工作。我曾經睡在工廠的布堆、辦公室的桌子上，起來以後看到他們仍然在工作。經常有人說我是工作狂，但看著他們的身影，總覺得自己疏懶、不長進。

而且，即使照顧憨兒，工作忙碌，但母親也永遠優雅。不管在任何場合，都能維持一定的儀態，這也讓我自嘆不如。

我的人生走進四十，母親也超過七十。我也不能如此荒廢，只能用微薄的能力承繼她給我的大愛，發揮下去，讓更多沒有母親的弱勢家庭都能有家庭。

接續真善美的遺願

我幻想我們會有什麼方法，能熟悉死亡的過程，能讓我們試試它究竟是什麼滋味。那也許是不完整的經驗，但總會有一些幫助，使我們能更有信心、更有把握地面對它。縱使我們不能勝過它，但至少可以接近它、正視它；縱使我們不能長驅直入，至少可以發現並熟悉這條通路。

法國哲學家蒙田在四個世紀以前寫下了這段話。在那個時代，戰亂的法國使得人口的死亡率大增，看見死亡、瀕臨死亡的經驗也相對增加。然而，死亡是無法預習和練習的，即使睿智的蒙田也無法熟悉這個過程。

我們有許多的罣礙勢必會帶進墳墓之中，如果能夠預知死亡，或許還可以稍微地平復那些無法解決的問題、無法彌補的破裂關係、無法發揮的能力、無法兌現的承諾、無法完成的心願。

也許就是因為有無法了結的心願，才使人生變得圓滿。雖然這樣說有點矛盾，但只有行屍走肉才沒有待完成的心願。

因此，發願在佛家當中才如此地重要，要發利濟眾生的大願，而且必須身體力行，願望是否能在短短的一生之中完成，決定權並不在我們，而在生命的主宰者。

願望如果是個種子，本身就會生生不息，散播在世上。

和父親的道別

父親離開時，對於他與我們家屬而言，都沒有料到這麼早，在這個平均壽命超過八十歲的時代，六十五歲的人生有點過短。

肉體上，父親在二〇一四年七月九日的三點四十五分停止了心跳，對他來說，沒有辦法講話、沒有任何的方式能向我們表達自身的感覺與想法，就是這麼的走了。

或許，喪禮本來就不是為死者準備，而是為了讓生者得以放下、得以遺忘、得以釋懷、得以繼續完成死者的心願、得以走向未來。

於是，我們有了那麼多的儀式、那麼多的禁忌、那麼多的習俗，讓生者知道亡者離開，為他送行，也讓自己心安。

當父親病危之時，我們家屬已經在思考父親如何向大家告別，父親的人生，是個好兒子、好老公、好爸爸、好老師、好老闆、好的創辦人，不只奉獻給自己的家庭，還幫助了喜憨兒、關懷弱勢團體，影響了社會。

父親離開後幾天，自由、聯合和中時都以一定的篇幅報導父親的離世，「終生獻公益，真善美創辦人胡得鏘走了……」聯合報上斗大的字，讓我有點不敢相信看到的是自己的父親。

熱心公益、關懷弱勢，這是父親的形象，也是他生前未完成的心願，我們家屬一致的想法就是在家祭之後，沒有公祭，舉辦追思會，讓來者得以追憶他的生平與精神，有感傷、有哀戚，但同時也是陽光且面向未來的追思會。

追思會主要由基金會的工作人員負責，我負擔了一部分的工作。活動的進行以影片介紹父親的生平和對於社會福利的貢獻，也邀請社會福利界的重要人士出席，一般政治人物的出席則予以婉謝。

追思會的當天在基金會旁的南亞技術學院禮堂，前一天排滿了四百張的椅子，當天到場的人數比預估的還多了一點，將近五百個人，追憶父親，也幫助我們和基金會的所有員工、喜憨兒們分擔悲痛。

當天我的追思文：

今天是七夕，農曆的情人節，一年一度牛郎和織女相會的日子，但是真善美社會福利基金會的謝秀琴董事長，也是我的媽媽，今天卻要向胡老師道別。謝秀琴董事長是胡老師人生相知相惜的伴侶，也是事業上的最佳夥伴，卻要在情人節的今天向胡老師永遠的道別。

真善美創辦人胡得鏘先生（中）與家人合照。

我本來以為和胡老師的緣分很長，但是，我沒有想到父親會這麼早就離開我們。父親以前常說要活到一百多歲，因為你還有很多事情沒有完成，但是，我想，因為父親的一輩子活得比別人認真、活得比別人還有意義，所以已經完成了人生的責任，已經結束了人生任務，所以佛祖已經將你接引到祂的身邊。

道別雖然令人難過，但是胡老師與謝董事長不只是小情小愛，他們將他們之間的小愛變成大愛，創立了真善美社會福利基金會，本著老吾老以及人之老、幼吾幼以及人之幼的精神，不僅幫助喜憨兒，也關懷社會的弱勢團體。

胡老師和謝董事長在三十五年前創造了我，在十五年前創辦了真善美，對於胡老師和謝董事長而言，我、我的姊姊和真善美都是胡老師的孩子，胡老師不只是我的爸爸，還是真善美大家庭當中兩百多個喜憨兒的爸爸，但是父親對於我和姊姊的教育方式，和真善美之中的喜憨兒都相同，胡老師常說：「讓每一個人找到自己生命的價值。」我和姊姊都發展自己的興趣，成為一個獨立思考、追求生命價值的人，努力在自己的專業上獲得成就。

真善美的孩子們雖然是喜憨兒，但是也在自己人生的路上學習到一技之長、找到自己的價值，歡笑並且有尊嚴的成長著。

西方的諺語說：「父親的德行是兒子最好的遺產。」胡老師所留下的遺產都是無形的，而且是隱藏在每一個人心中的愛心種子。今天胡老師雖然離開我們，但是他所散播的愛心種子和處世風範，在真善美的大家庭之中已經結滿了果實，這也是胡老師所留給我和真善美大家庭當中每一個人最好的遺產。

近半年來，胡老師罹患了罕見的腹膜癌，生理和心理都受到極大的煎熬，但是在病榻之中，胡老師仍然關心真善美的憨兒。真善美家園的老憨兒築家計畫還在進行中，仍然有待現場關心真善美的好朋友們繼續支持，今日現場收到的奠儀和捐款，都將捐贈給基金會，幫助胡老師完成他的遺願。

胡老師在上個月的九號，走完了六十六歲的人生路，感謝這段日子以來，每一位對我、謝董事長和胡家關心的人，不論是一個溫暖的眼神或是一句關懷的問候，還有治喪期間以及追思會工作的包容與分擔，都化為我們心中的暖流與無限的感激。

衷心感謝各位冒著盛夏酷暑、不辭辛勞，為父親送行和為我們共同分擔悲痛。感謝你們每一份真心與溫暖，將是伴隨胡家與真善美基金會走出傷痛最大的力量。

追憶父親的所有來賓，為他的奉獻流下了眼淚，為他對社會弱勢的關懷感到敬佩。雖然他仍有心願未了，但這些心願已經宛如種子般的深藏於每一個人的心中。

被遺忘才是真正的死亡：我的兄弟阿亮的故事

像家人的阿亮

老媽在阿亮的告別式上哭到頭痛，哭到連阿亮的舅舅和舅媽都來抱著她，「別這樣啦！我們知道你們很愛他。」

阿亮的媽媽和妹妹都是憨兒，都住在我們這裡，除了他們兩位，只有舅舅和舅媽兩位親人到場。但阿亮對我們來說，他跟我們生活了二十多年。

阿亮的告別式來了上百位真善美的老師、你身前工作場所中油加油站的站長、員工，還有好幾位市議員，他們都在忙選舉的行程，但他們都看過阿亮生前的努力，特別來致意。

老媽是強悍的，但她用強悍守住她珍視的人、事、物，憨兒、真善美都是她珍視的。阿亮是老天在一場奇異的車禍中帶走他，我們無法阻止老天，只能幫阿亮辦一場風光的告別。

我上香的時候，跟阿亮說：「你去找阿伯（我爸），他一樣會照顧你，會疼你。你媽媽和妹妹，哥哥會幫你照顧到你們在天上聚在一起。」

人生不容易，阿亮的事情就讓我難過了一陣子，但或許這是上天給我的功課，要讓社會看到這群最弱勢的朋友。

阿亮剛走、還沒辦告別式的時候，院區裡面少了些聲音，阿亮是平常最聒噪的。有時候他太吵，我會打開窗戶說：「阿亮，小聲一點。」

我跟阿亮就是住在同一個社區，雞犬相聞。有一次外面的計程車帶我回家，開到我們的院區，他覺得這裡怎麼會有一個隱藏的社區，裡面每一戶都是四十坪的大小。

這是我們幫憨兒打造的社區，社區當中唯一一戶不是心智障礙者的就是我家。這座社區的所有公寓都沒有上鎖，我媽媽和兒子也住在這裡，都是同一個社區的住民。

阿亮對於我們來說跟家人一樣，他就跟我們住在一起。

最近在阿亮的靈堂，出現了很多的花圈，沒有來自他們家人的，而是來自跟阿亮相處過的同事、朋友們。阿亮在加油站工作過，站長很喜歡他，因為比一般大學的工讀生認真。大學生到加油站還會滑手機不認真，阿亮絕對不會。阿亮洗車非常認真，所以洗車場的周邊相關人員，知道阿亮走了，也送花圈。中油加油站的員工也送來了花圈。

為什麼要照顧心智障礙者

一九九五到一九九八年是我讀高中的時候，那時候很多企業都到中國設廠。父母親以前經營出口的工廠，也賺了一些小財富。但老爸根深柢固地就討厭中國政權，不想去中國開工廠。

當時他把工廠收起來的時候，跟我說：「我們有些小財富，是因為社會的進步、經濟的發展和個人的努力，不是因為自己厲害而已。」

他後來給我的啟示就是：「當我們有了一點小成就，就要回饋社會。」

父母親從完全不懂社福，到後來認真的理解。

為什麼要照顧智能障礙者？

有那麼多障礙別，因為他們是弱勢中的弱勢。

聽障可以寫，也可以學著說話；視障也可以表達意見，說自己不舒服；坐輪椅的人在文書工作上跟正常人沒有差別。只有智能障礙者無法清楚表達自己，當我們開始收容女性的智能障礙者，只要稍微有點姿色的，很多都有被性侵的經驗，但她們卻無法表達。

阿亮就是真善美第一批收容的喜憨兒，媽媽、妹妹和他都是喜憨兒，所以生活環境相當糟糕。阿亮的爸爸是榮民，過世後，家裡經常沒有東西吃，但他很會表達，也很討人喜歡，會笑笑地主動到廟口前跟別人說：「我們家沒東西吃，能不能給我們一點？」

台灣社會很有溫情，只要遇到這樣的孩子，都會提供幫助。

阿亮本來住在礁溪，那邊有很多溫泉，也有很多旅館。毒販會利用旅館的房間走私毒品，阿亮沒有分辨能力，有時候給他十塊錢（他連一加一都不會），讓他拿個報紙包起來的物品送到某個房間，警察遇到他的時候百口莫辯。

從本來無以為繼的生活到了真善美，阿亮和父母親相當投緣，媽媽曾經當過桃園的「模範母親」，是因為照顧喜憨兒，而不是因為我是教授，姊姊是哥倫比亞大學畢業的。

我媽常說：「啊！你們就自己這樣長大啊！我也沒有麻煩過，念書是自己的事情，我不會念書，也賺得比你們多。」

阿亮來到真善美之後，從生活自理、行為認知，到讓阿亮能夠回歸正常職場擔任洗車員的工作，賺到屬於他自己的錢，雖然不多，但卻讓阿亮有成就與自信。

有一年阿亮生日的時候，很難過地跟「阿伯」（我爸）說，沒人幫他過生日，「阿伯」立即買了蛋糕，並請媽媽秀美和妹妹小玲一起來幫他唱生日快樂歌，阿亮開心地緊緊抱著「阿伯」。

知道父親節快到的他，跟老師說想請「阿伯」吃頓飯，但因為錢不夠所以很灰心。老師知道後與中壢最好的古華花園飯店聯絡，希望飯店可以用優惠的價格協助憨兒阿亮圓夢，沒想到飯店卻一口答應全額贊助，這讓阿亮很開心。但阿亮還是想用自己的力量來表達感謝，所以特別請老師幫忙訂購了父親節蛋糕。

憨兒阿亮一家三口與我爸、我媽過父親節，阿亮送上蛋糕與玫瑰花，我爸很感動：「從來沒想過憨兒也能懂得孝心與回饋，這是最特別的父親節了」。阿亮幫我爸過父親節的時候，當時我和老姊都在國外，只有憨兒們陪著他們。

阿亮去找我爸了，希望他繼續幫我爸過父親節。

自食其力的阿亮

如果以為我要寫阿亮，是因為我們照顧他很久，把他當家人的話，這只是一半的故事；阿亮不懂一加一等於多少，但他過世的時候有超過百萬的存款。找到人的價值，並且賦予能力，讓他們發光發熱，是我們基金會的使命。

二十多年前，基金會剛開始運作的時候，看到很多收容身心障礙者的機構（即使現在也一樣），將身心障礙者放在一間大的教室內，五十個人在同一個空間，整天看電視，不做任何的訓練和教育。

為什麼這樣做？

這樣最省人力，大教室只要有一個老師，人力又省，還可以有些結餘。

每個身心障礙者都有自己的能力，但要經過教育和訓練，這是最花人力和資源的地方。正常人需要花五道工序學會的事情，喜憨兒可能要二十道，甚至五十道工序，一直重複做才會。

我們想讓憨兒重回社會，並且有一份工作，還可以得到報酬。

阿亮，是基金會裡最早外出就業的憨兒。除了打掃廁所，阿亮也是洗車專家。不要以為洗車很容易，聯結車、貨車，或是五百萬的保時捷，洗車時刮壞別人的車怎麼辦？

阿亮不只自己會洗，還教別人洗。我們基金會跟桃園的所有高中合作洗車，高中生們拿著招牌站在大馬路上大喊「公益洗車一百元」，讓車子一輛輛的開進南崁特立家居前廣場，從潑水、刷泡沫、洗輪圈、刷玻璃到擦乾，每個動作都不馬虎，小轎車、大卡車甚至是聯結車都開進廣場排隊洗車，遇上大型聯結車學生們照洗不誤，還上演疊羅漢向上爬，只為把車擦乾。

中壢高中當時有一百六十二名學生自願捲袖子當洗車工，學校三個社團合力揪人參加，沒有洗車經驗的他們其實很緊張，有學生就說「最怕把車子洗壞了」，有八年洗車經驗的憨兒阿亮來現場支援，教大家洗車。學生熱心公益，學校老師、教官、甚至是校長也都把車開來洗，中大壢中活動組長說：「這全是學生自發性的活動，做公益是好事，學校全力支持」。

阿亮工作了二十幾年，因為吃住都在我們院區內，除了買自己愛喝的飲料，還有花錢給媽媽去日本，以及自己去中國玩都花自己的錢以外，很少用到錢，過世的時候存款超過百萬。

阿亮有錢辦自己的喪事和告別式，還可以把錢留給他的家人。了不起的阿亮！

阿亮走進我的生命，我是個歷史學家，有必要為他寫傳。

我想自己會是第一個幫心智障礙者寫傳、寫史的歷史學者，我關心邊緣族群，很多歷史學者關心知識分子、皇帝、思想、政治，但只有我有生命經驗，可以告訴大家心智障礙者。

跟他們生活，才會知道一個一個有血肉的人生，用平視角度理解他們，他們活生生地開展生命在我面前。

但我不客觀，無法客觀，因為他們是我的兄弟姊妹，我照顧的喜憨兒們。

長不大的孩子

不是每個孩子都會長大

有一次，我偶然在火車月台邊等待北上的時候，發現有一位外型看起來像四十歲的中年人，他穿著尺寸不合的上衣，搭配著灰色的七分褲，腳上的襪子一隻長一隻短，在人群中顯得非常突兀。

突然間，月台前的警示燈亮起，這一位「特別的中年人」像個大孩子一樣，咧嘴露出大大笑容說：「火車來了！火車來了」，一邊說著還一邊開心跳躍著。這一瞬間，他就像五歲的孩子一樣，只是因為他有「超齡」的外型，所以其他在月台上等待的旅客，都露出一種很不可思議或厭惡的眼神，甚至有些人趕緊遠離他，好像生怕被他攻擊一樣。

然而，假如此時，在月台上真的是一個五歲的小孩，相信大家露出的一定是溫暖的眼光，還有可能去跟這位小朋友打招呼，摸摸他的頭，說他很可愛，但這就是「心智障礙」的狀況。簡單的說，就是在智力發展上有障礙，他們就像永遠長不大的孩子，隨著年齡不斷的增長，可能是三十歲、四十歲或是五十歲，然而智力卻永遠停留在一個階段。

輕度的智能障礙就像是小學五、六年級，極重度的就像是不滿三歲的大嬰兒，他們多少需要別人的照顧，無法獨立自主的生活。也許有人會說，這些「憨兒」不是可以訓練去做麵包、打掃或是洗車嗎？這樣不就是可以自主了嗎？然而，大家不知道的是，他們的就業都只能在一個庇護的環境，過濾了許多職場的風險及不確定性，而且還需要平均五年的學習與訓練，此外，能外出工作的大多是輕度的憨兒，其他中重度與極重度的憨兒，他們怎麼辦呢？

我們再來看一些其他的例子吧！

曾經看到社會新聞，台南有一位智能障礙的學生，放學時竟然被父親用腳鐐銬在沙發上。後來社工到家裡訪視，向社會局舉報。學生的家長說擔心孩子亂跑，才用腳鐐銬住。

父親不在家的時候就將小孩的腳銬住，家裡還有個輕度智能障礙的妹妹，父親無業在家，全家都靠媽媽在工廠工作賺錢，並且領取社會福利的補助過日子。媽媽平常要工作，當父親要外出的時候，就將小孩銬在家。

看到這樣的社會新聞，或許我們會責怪父親。父親的確有錯，但當我們同理中下階層，家裡又有兩個憨兒的時候，他們過著什麼樣的生活？

在我看過數百個憨兒家庭中，這還只是普通的情形，這位憨兒還可以去上學校的資源班，有些憨兒的情況更差，連生活自理的能力都沒有。

連吃飯和一聲爸爸都不會叫

我們從小照顧孩子，把屎把尿，後來孩子可以控制自己的排泄。然後握住湯匙，開始吃飯，並且隨著年紀長大，擁有越來越多的能力。我的兒子不到一歲就叫：「爸爸！」還可以用湯匙開始吃飯。

但有人一輩子也叫不出來，一輩子也無法用湯匙吃飯。他們有些已經三、四十歲了，直到專業的介入才開始改變。很多父母經常提及小時候要照顧孩子有多累，但過了幾年，孩子大了，就可以逐漸變得輕鬆。

如果到二、三十歲，連「爸爸」或「媽媽」都叫不出來，或者是無法用湯匙吃飯，每天都要像嬰兒一樣餵飯，餵一個已經長大的身體，一個已經是大人的身體，無法控制自己的排泄，還會拿著屎亂丟，讓家裡隨時都處於腥臭的狀態。

我們能忍受多久？

真善美社會福利基金會照顧最難照顧的弱勢，希望讓服務對象和家長都可以看到人生的一線曙光。如果家裡有難以照顧的服務對象，就要有一個人一天至少花十五個小時照顧。從睡醒到睡覺，幾乎全心全力，沒有自己的人生，很多人因此崩潰，或者帶著孩子輕生。

但真善美，就是為了要照顧最需要的人而設立的機構，透過專業的服務，讓服務對象和家屬得以獲得生命的出口。

要讓服務對象叫一聲：「爸爸」，要訓練喉嚨的肌肉，一直重複；另外一個憨兒訓練了五年，才能用湯匙吃飯。到真善美的機構之前，家長已經接近放棄。當兒子終於叫出一聲：「爸爸！」還有開始用湯匙吃飯，那都足足等了三十年以上的時間。

家長流下的淚，其中有多少辛酸？正常人三十歲的時候已經獨立，有些已經成家立業，但盼望一聲「爸爸」竟然等了三十年。

明明身體是個大人，卻只有三歲以下的智能。我們收容的人當中，還有三分之一是沒有家屬的。有一天他們走了，就像空氣一樣，無人知曉，彷彿他們從來沒有來到這個世間。

如果每聽到一個這樣的故事就流淚，那我已經潰堤，無法做任何的事。但我希望透過分享，讓更多的人可以知道這樣的故事，不能只有我知道。

真善美社會福利基金會除了提供憨兒住宿及專業的照顧服務，讓他們能夠學習生活自理與工作技能，甚至得到醫療與復健的服務；而一些極重度的憨兒，因為幾乎沒有認知與口語的能力，在吃飯、如廁與洗澡上都需要一對一的服務，也讓單位在人力及物力的負擔非常大。這一群長不大的孩子，就像父母心中永遠放不下的大石頭，因為他們一輩子都是小孩，一輩子都需要有人在身旁協助。

我們都不一樣

走進真善美社會福利基金會平日的教室裡，若看見憨兒們坐在座位上，各自做著不同的事，有人在畫圖，有人在玩積木，那就代表現在是班級的自由休閒時間，大家可以選擇從事自己喜歡的活動。如果再湊近一點，會發現在教室的最角落，有一個用隔板圍起來的座位，好似一座與世隔絕的小島，這裡並不是老師的辦公桌，而是屬於阿力個人的小空間。

我也想知道，要怎麼跟大家當朋友

為什麼唯獨阿力的座位被特別圍起來呢？千萬不要誤會，這其實是針對服務對象特質所採用的策略。阿力是一位自閉症合併重度智能障礙的大男孩，隔板對他來說是安全感的一部分，大眾可能對於「心智障礙者」這個名詞並不陌生，但可能不知道，其實又有細分成許多不同類型；**自閉症是較為常見的一類，為大腦功能異常而引發的發展障礙，成因目前尚無定論，而根據統計，許多自閉症者會伴隨智能障礙。**

每個人與生俱來或後天養成的個性皆不盡相同，有些人喜歡熱鬧的團體生活，有些人偏好享受較多的獨處時光，不管如何，**在社會上我們總是會與人接觸，而我們也在不知不覺間慢慢學會如何與人相處。但是對於自閉症者而言，這件我們習以為常的事情卻是他們一生都找不到答案的課題。**自閉症有類型與程度上的分別，每一位自閉症者表現出來的行為可能相差許多。

「特立獨行」的阿力，尖叫到連鄰居都致電詢問

從阿力身上，可以看見大部分自閉症者共同的特質，平時，各班都有規劃屬於各班的作息時間，一天當中有團體活動、體適能、打掃及自由時間等等，

而大部分憨兒最期待的就是團體活動時間，有各類社團和志工活動；憨兒們經常活動前早就興奮的先就定位等待，可是阿力卻彷彿置身事外，不論是否有活動，就連一般作息時間，他都寧願在機構四處遊走，甚至曾經拿著棉被直接鋪在樓梯間睡覺，怎麼樣都不肯待在教室配合班上作息。

這樣的行為模式來自自閉症導致的溝通表達與人際社交障礙，阿力總是面無表情，習慣逃避與他人四目相交，對老師的指示或同學示好的行為不會給予相對應的回應，更不懂得何謂察言觀色，只要有人靠近阿力或跟他打招呼，他就會開始瘋狂尖叫，聲音大到連鄰居都致電關心詢問，不然就是說一些重複或與周遭環境無關的話，**老師透過很長的時間相處，才漸漸試著找到與阿力溝通最適合的方法。**

阿力喜愛吃美食，尤其對飲料有特別的堅持，會趁著無人在場，自行將鎖緊的門窗拆開破壞，就是為了拿到放在裡面的飲料。**對阿力來說，這不是一件可以自己克制的事，「傾向對特定事物產生執著的行為」是自閉症特質之一，**但因阿力體重過重，機構需嚴格執行健康飲食策略，所以對飲料如此固執的行為，總是讓老師百般頭疼，難關更是雪上加霜。

建立信任，跨越心牆後的轉變

經過長期專業的個別化服務，以及不斷調整的策略運用，阿力終於慢慢地打開心房，對於老師越來越信任，並願意嘗試參與班級活動。有時阿力會突如其來伸手輕拍老師肩膀，一邊問：「你喜歡我嗎？」**雖然這樣的表達方式看似不尋常，但這就是阿力用他自己的方式去尋求認同的表現。**

轉變是趟漫長的旅程，阿力在真善美住了十幾年，一直到近幾年，才可以好好坐在教室裡，老師以鼓勵或提供誘因的方式邀請阿力參加活動，但並不勉強他全程跟著班級，**並且讓阿力擁有很多獨處時間，讓他有空間與自我的情緒相處。**陪伴阿力最久的小林老師憶起從前特別有感觸：「以前阿力看到大家都會逃之夭夭，可是現在他會主動跟別人打招呼，上次看到我不舒服，甚至還問我：『要按摩嗎？』嚇了我一大跳呢！」

不求改變憨兒本質，而是盼望以時間換來笑容

真善美社會福利基金會認為：**服務的意義不在於想著如何改變服務對象的本質，而是希望透過時間來互相了解，培養彼此之間的默契與信任感，**並透過專業策略一步步啟發每位憨兒的潛能，帶領他們創造更多發自內心的燦爛笑容。

自閉症者又暱稱為「星兒」，有一說是代表他們就像小星星，每個人都有屬於自己的小世界，只是這個世界需要旁人足夠的用心去理解。阿力表現出來的行為，就如同遠在天邊不願與人們同行的星子，但在冷漠的外衣底下，老師看見的是他內心深處一樣也有渴望人際連結的需求。

下一次，當遇見同樣來自星星的孩子，可以撥出多一點的時間去同理他們，那麼將有機會看見隱藏在他心中，依然閃耀無比的光芒。

沒有血緣的家庭

「唉唷，這是哪家的野孩子啊？全身髒兮兮的好臭，不要靠近我。」

「臭小鬼！給我滾回來～誰叫你偷吃我的便當啊！」

「不去工作，整天在這裡騙吃騙喝，真可憐。」

這些對話，僅僅是小華（化名）日常生活的一小部分。一個無家可歸的唐寶寶，光是必須每天四處尋覓下一餐，就已歷經千辛萬苦，還得獨自一人面對周遭的異樣眼光。

小華，一位多重障礙重度的唐寶寶，父母離異，出生後從沒看過母親一眼，父親多年來都在獄中度過，後也病逝。因此小華自小就是由阿嬤一手照顧，但在阿嬤過世後，無人照顧的他，開始了流浪街頭的生活。隻身窩居在菜市場最裡邊的樓梯角落，靠著善心民眾提供的寢具，以及一些好心攤販分食的剩菜剩飯，就這樣度過了將近三年的時間。

後來經民眾通報，社會局才將小華帶到了真善美社會福利基金會的附屬機構，就此開啟他的第二人生。一個天真單純的憨兒，沒有選擇地來到世上，卻從小不見爸媽，不諳世事的靈魂住在大人的身體裡，讓原本就艱辛困苦的流浪生活，再添加沒有人能感同身受的煎熬。難以想像，在他內心深處，到底是怎樣的心情？

活潑樂觀的大孩子，也渴望擁抱家庭的親情

小華來到真善美的收容機構已經超過十五年了，他平時最喜歡用天真無邪的表情跟老師們撒嬌，儘管只是一句簡單的讚美，也都會立刻露出得意又驕傲的笑容，彷彿獲得奧斯卡獎般樂不可支。個性容易得意忘形的他，也常因過於興奮而被糾正，這時又會露出青天霹靂椎心刺骨的模樣，如此古靈精怪的反應

總是讓老師們好氣又好笑。

但在小華活潑的身影背後，卻不難發現，他其實因為家庭背景而極度缺乏安全感。每天小華都有跟自我對話的時間，那段時間他通常會玩一種打電話遊戲，假裝打一通電話給他想見的人，每當老師問他都打給誰時，小華的臉上都會出現一種難以言喻的神情，靜默片刻才又掛上笑容回答，「打給爸爸媽媽～」。

可見雖然從小沒有爸媽的陪伴，小華內心深處還是非常渴望體驗家庭的親情，而這正是我們努力的目標，希望讓他在真善美這個屬於他、唯一的家，找到如親人關愛的溫暖，讓他在老師及朋友們的陪伴下，享受生命美好的點點滴滴。

房間即世界，走不出家門的憨兒寶貝

除了小華以外，真善美是兩百多位喜憨兒的家，真善美的收容機構每個都不同，但每一位憨兒都有自己的故事，也有自己特質。在占地廣闊的家園，伴隨著風聲鳥鳴，不時還會聽見一段自言自語式的呢喃此起彼落迴盪在耳邊，聲音的主人來自一位頂著嬌小身軀卻有無限精力的女孩，從早到晚不間斷地發出飽滿的叫聲是她每日的例行公事。這樣的情景日復一日在真善美上演，對於教保老師而言，即使聽起來並不順耳，但更多的卻是心疼，因為我們都知道，我們必須當她最後的依靠。

她是小文，一位中度智能障礙者，父親早逝，原本由母親獨力照料，出於愧歉的心，母親只知道盡力滿足孩子的所有需求，像不少家長一樣，小文媽媽生怕外面的社會對有智能障礙的孩子不夠友善，所以始終不忍心讓小文外出。因此已過而立之年的小文，認知能力與行為表現就像個長不大的三歲小孩，對於小文來說，房間等於她的全世界。

直到去年小文母親不幸罹癌永別人世，剩下的手足也大都已各自成家，唯一願意照顧小文的姊姊也不得已面臨心有餘而力不足的窘境，於是決定幫小文尋找合適的照護機構。無奈因為複雜的個案狀況處處碰壁，求助了近四十間機構卻沒有一間願意接手，甚至在好不容易有一家機構釋出善意後，又在入住當天再次被委婉拒絕。

即使步伐緩慢，也要牽著手一步步往前走

帶著不放棄的精神繼續堅持，小文最終來到了真善美。但這只是個開始，由於生長環境造成的焦慮依附，加上長期待在家而未接受社會化，小文的許多行為都亟需仰賴教保老師的耐心與專業服務，像是持續大叫、撕扯衣服、亂丟東西……但隨著時間的遞進，小文開始一點一滴的改變，從最初每天晚上都需要別人抱著才睡得著，到現在只要有人在旁陪伴即可入睡。

就好比不是每個故事都會有轟轟烈烈、賺人熱淚的戲劇情節，有些改變可能細微到不一定能用眼睛觀察到，但哪怕只要是前進半步的距離，對於憨兒的家人及老師來說，都已是最值得的回報。我們期許能當社會上的最後一張防護網，就算全世界都不願與其同行，也絕不輕易放棄任何一個弱勢憨兒。

真善美收容的憨兒，近三分之一早已失去所有親人，或是父母皆已年邁、家庭無力照顧，在來到真善美之前，他們有的曾在街頭流浪，有的被親人當作皮球踢來踢去，每天過著有一餐沒一餐的日子。即使如此，其實這群天使寶貝最大的願望從來就不是吃飽穿暖，而是找到一個願意包容他們、給予他們溫暖的容身之所。

對於這群孩子，我們不只是他們心裡所歸屬的家，更是許多人唯一的避風港。

給他魚吃，不如給他一支釣竿

比正常人還認真工作的喜憨兒

「歡迎光臨！」茄苳加油站清晨七時開工，就能聽到響亮又親切的招呼聲，從加油到結帳都由真善美啟能發展中心的喜憨兒負責。

「幫您清理樹葉好嗎？」

「加油到跳停最環保喔！」貼心服務贏得民眾讚許。

十五名認真可愛的喜憨兒，在六十二歲的加油站長劉宜鈞帶領下，加上四名熱心的教保老師，讓這座位於八德市中華路上的加油站打敗其他加油站，榮獲服務品質競賽、神秘客評鑑優等，業績扶搖直上。

「茄苳站現在是A級喔（業務量加服務等評比，共ABC三級）！都是孩子的功勞！」站長劉宜鈞說，雇用憨兒的成本每年多一百五十萬元，比大學生貴，可是他們做得更好。中油桃竹苗營業處副處長邱垂興說，喜憨兒認真打拚，顧客願意回流，讓茄苳站擺脫C級，發油量從每月七公秉增至三十公秉，「大學工讀生做不到的，喜憨兒用笑容和熱心完成」。

喜憨兒每班四人加油、一人清潔。洗車、擦車，包括更難的導車、加油、刷卡、找零、換贈品及會員卡積點，都難不倒他們。專門打掃的「小美」患有唐氏症和重度智能障礙，但她負責的廁所明亮又乾淨，獲得桃園縣府評鑑特優。

喜憨兒的成長令人感動，很多民眾繞遠路光顧，還有建商不時送愛心早餐，讓他們工作更賣力。

「我好像多了十五個孩子，每個都像小天使！」喜憨兒口中的「站長爸爸」劉宜鈞已經當阿公了，他和教保老師用分解動作一對一指導，讓這群記憶和理解力較弱的孩子得以勝任工作。

劉宜鈞和教保老師將加油流程，分成十五個步驟，讓喜憨兒慢慢熟練，背不住統一編號，就拿計算機請客人按鍵。茄苳站還更改設計，每座加油機台只提供一種油，避免加錯。年輕的教保老師為了要訓練喜憨兒，也要學加油，喜憨兒有時「爆槍」（油加到滿溢）、刷錯卡，客人會罵，幸好總有「劉爸爸」出面解圍，上前賠笑臉道歉。劉宜鈞說，連大學生都會犯同樣的錯，請給予更多耐心和包容，喜憨兒會做得更好。

每一個憨兒都有工作能力

在加油站工作的憨兒，他們的家都在基金會附設的機構中。阿亮，是基金會裡最早外出就業的憨兒，現在，阿亮一家人都住在教養院裡。阿亮爸爸早逝，留下他和重度智能障礙的媽媽及妹妹，十五年前被社會局發現時，他們一家三口是靠撿拾餿水桶內的食物過活。但在老師細心的訓練下，一般人教了馬上會的工作，憨兒要花比較久的時間教，但學會了以後步步到位，完全不馬虎。

在加油站工作的阿亮，有一次站長交代他一個工作，說：「阿亮，過年快到了，你把廁所洗乾淨一點。」

阿亮很快去洗，結果四十分鐘後阿亮都沒有回報，站長就很好奇偷偷地去看了一下，結果眼淚快掉了出來。因為尿盆旁有垢用不乾淨，阿亮用指甲刮除尿垢，因為菜瓜布洗不乾淨，因為他怕洗不乾淨站長把他fire掉，擔心沒有這個工作機會。雖然一個月賺的錢不多，大概幾千元，但他還是努力地把工作做得非常徹底，這是一般人絕對做不到的事情。

阿亮一家三口雖然都是心智障礙者，但是，他和妹妹小玲都有一份加油站穩定的工作，重度智能障礙的媽媽狀況稍差，也能幫忙在基金會中洗菜洗碗。還記得一開始來真善美的時候，阿亮的媽媽工作個半小時就嫌累，還會在地上哭，但經過老師輔導和訓練之後，現在都能將工作完成，一家人自給自足。

「他們可以嗎？憨兒耶！智能障礙？」

「一般人會以遲疑的態度去看憨兒，但我們會不斷地跟社會大眾說，他們可以，只要給他們一個機會，只要他們學會，就可以做得很好。」

一群心智障礙者完全沒有工作經驗，也完全沒有受過訓練，如果你是雇主，你放心嗎？

十年間，一路走來的點點滴滴，真善美基金會的陳真美老師最清楚，跟雇主溝通是很困難的事。我們只能向他們一再保證，老師一定八小時全程陪著，不管一個星期或一個月，讓雇主放心我們才會離開。

在與憨兒的相處過程中，我總能看到一群不同領域的專業年輕社工在旁相伴，他們像陪伴孩子一樣，耐心地對待這些心智障礙者，一遍又一遍地重複同樣的動作、同樣的指令，一年又一年，秉持著給他魚吃，不如給他一根釣竿的理念。從加油站開始，他們還開始難度更高的洗車工作。

憨樂洗車場

一句「歡迎光臨！！」憨兒用宏亮的聲音導車，動作熟練地從拿噴槍噴水、噴泡沫，到後續車身以及輪胎鋼圈刷洗，過程中任何小細節都不放過。憨兒小軍是腦麻患者，走起路雖然搖搖擺擺，但拿起噴槍噴泡沫與使用長柄刷刷玻璃時，可是一點也不馬虎。

「我們是依照服務對象的能力來做分工，所以每個人都有自己專責的區域，大家協力合作，就能把洗車工作做得很好。」教保老師在旁邊說。

在烈日下洗車其實並不輕鬆，但對他們來說卻是件開心的事情。像是憨兒惠心，原本是個不能控制自己行為的孩子，動個不停也停不下來，但在加入洗車工作後，充足的耗氧量，讓她每天都保持笑容，身心都能得到滿足。

二〇一七年秋天在中壢工業區加油站舉辦了「憨樂愛心洗車場開幕活動」，由六名憨兒所組成的工作隊來為民眾服務。為了提升服務品質，花了一個多月試營運，憨兒們親上職場學習與練習洗車的工作。

真善美讓身心障礙者到職場上工作，希望社會大眾可以正視憨兒的工作

民國106年10月19日，憨樂洗車場開幕活動。

權，並能適時的幫助他們，給他們一個工作機會，幫他們一起找到生命的價值與肯定。我們的老師平常照顧服務對象時，知道他們的工作能力，然後依照工作能力，讓他們現在都在不同的崗位上服務。有些在加油站、有些在洗車場、有些在葡萄王、有些在從事清潔工作……如果我們只按照智力來決定價值，智力低下的他們不會有人聘請。但是當你去了解每個人的特質時，就能為每個人找到適合的工作，而且會是每個雇主都喜歡的勞工，準時、認真，對待工作的態度更是「一生懸命」。

來自星星的孩子

還記得我在立法院代表身心障礙聯盟出席公聽會，那是因為苗栗有一間教養院的院童，遭綑綁挨打，而且被拘禁沒有水喝，一小時後因為熱衰竭而死。

看著媒體的報導，教養院中的院生說：「回想他死前畫面，他被綁、兩個人把他綁起來打，我們問機構人員都說當時有聽到聲音，用按摩拍、用金屬掃帚打，但那兩個人說不是打他的聲音，是這孩子踢床的聲音，我覺得這說詞很不可思議……」

後來調查過世的服務對象因為遭毆打引發橫紋肌溶解症後，併發局部腦浮腫、蜘蛛網膜下腔出血，由於拘禁的環境中相當高溫，最後他因為代謝性衰竭而死。

致死的是教養院中的心智障礙者，而且是自閉症患者。

最近在韓劇當中的《非常律師禹英禑》，讓自閉症患者多一點討論，雖然這是好事，但我見過非常多的自閉症患者，劇中的一些情節可能會讓外界對於自閉症患者有刻板印象，有些屬於虛構非真實的部分。

現實世界不大有可能出現自閉症的律師，禹英禑所展現出來的聳肩、姿態，還有相關的症狀，已經是中度自閉症才有的外顯行為，他們無法和外界有如此平順的溝通行為，更不用說可以進行法律案件，而需要社會更友善的對待他們。

來自星星的你

每個生命都是獨特的，我自己在中央大學當教授，我的學生游高晏，也是自閉症患者。一開始我看到他的學歷是武陵高中畢業，桃園市最資優的高中，但資料上說他無法說話，也無法表達，只能用電腦溝通。

高晏也無法像正常人用十指在電腦上工作，他只能用右手食指，敲擊鍵盤慢慢地打字。如果問他一個問題，他了解問題到回答問題可能過了好幾分鐘，速率完全無法跟一般人配合，但當他來當我的學生的時候，他是「總統教育獎」的得主。

我看著他白嫩的肌膚，還有像孩子般的神情，跟他講話的時候，他會看著外面，偶爾轉過來，看到我的眼神，卻馬上轉走。有時候嘟嘟嘴，卻又突然站起來走去上廁所。

我們講的話他都聽進去，也都知道我們在說什麼，但沒有口語的表達能力，一開口只有啊嗚的聲音。平常走路因為肌肉的低張，感覺搖搖晃晃的不協調。他無法握筆寫字，也無法用手機。

平常所看到的高晏，跟他內心的世界完全不同。

高晏的媽媽在大學的課堂每一節都要出現，必須幫他抄筆記。我想著在過去的人生中，她從小學抄到現在，經歷多大的辛苦。高晏要上大學也是一條辛苦的路，幸好中央大學中文系有特殊選才，才能讓這樣具有文學專長的孩子進入大學。

高晏的父母從小學二年級就開始陪讀，一般的自閉症患者都會送到資源班，但高晏了解所有一般人的知識，而且有很強的求知慾，媽媽只能在課堂上幫忙抄筆記。

高晏學會打字了以後，發現他不是智能障礙，他擁有一般人的智能，而且在文字的技巧上相當優越。一句話一句話慢慢打，發現了這孩子的內在世界。在十一歲的時候，他寫下了《我和地球人相處的日子》，這是第一本台灣自閉症孩子揭露出豐富內在世界的書。

「正常」的社會無法了解高晏的內在，除了我的學生，我們真善美收容的自閉症服務對象陳立也是如此。

帶你出唱片

「我們家收容的自閉症服務對象陳立得第一名了！」消息傳來，所有的老師都很興奮。

全國身心障礙者才藝大賽北區初賽，接下來就要晉級決賽了。我還記得以前小時候我彈鋼琴的時候，我姊說：「你是用鐵鎚在打鋼琴嗎？自從聽你彈琴以後就開始頭痛。」

我是天生的音癡。陳立有很好的音感，不用看譜就能彈琴。才來幾年的陳立，我們發現他有這樣的才能，就積極地發展，希望他在自己的強項上發光發熱。在我生命中遇到的每個學生，我都希望他們找到自己的價值，不管他們在社會分類上是憨兒、自閉症患者、大學生……

陳立在高中時加入打擊樂團的時候，老師跟媽媽說才知道，他聽過後可以自己彈出來。不只是彈出來還可以加入一些和弦伴奏，所以聽歌時連幕後的配樂伴奏一起記住，雖然是簡單的伴奏但都是配在和弦上，且沒有經過老師的指導。

除了培養陳立在比賽中得名，我們還要讓陳立出專輯，二〇二一年的真善美公益音樂會，Shino 林曉培唱了《心動》、《她的眼淚》、《煩》等經典歌曲，這次我們幫陳立在嘖嘖募資，圓夢公益專輯企劃，Shino二話不說就大力相挺。

《音人無異》公益專輯，音樂與愛之前人人平等，收錄四首陳立的鋼琴曲，還有和Shino合作的曲子，希望社會大眾能夠更加認識這群服務對象。

「智商」很重要嗎？

透過來自星星的孩子，也可以讓我們思考一個問題，典型自閉症中的高功能自閉兒智商會高於七十分，但機率不到三分之一，低功能自閉兒則為七十分以下，占自閉兒的大多數。

所謂的「智商」究竟是什麼，台灣之前有個台北市長，誇讚自己的高智商。智力是一種客觀的數字嗎？還是會隨著社會環境的不同，而產生差異？有些人在智力表現不佳，會不會在音樂、藝術和文化領域創造性很強呢？

以前西方人相信黃種人和黑人的智力比較弱，並且發展出一套「種族優越理論」，會不會我們現在相信哪個族群的智力比較弱，也是一種歧視的行為呢？

現代社會認為智力可以客觀地用「智力測驗」來衡量，然後再分門別類的進行訓練。「正常」的讓他們接受「正常」教育，即使在定義上「不正常」的也要讓他們盡量「正常」。

現代社會為了生產，每一個產品，甚至人都要有一個「正常」的樣子，偏離「正常」就要「矯正」。我們沒有把每一個人的「特殊性」放在優先，如果我們認同每個人都是「特殊」且「獨一無二」的，就沒有「特殊教育」。

我們可以思考一個問題，要進台灣最好的國立台灣大學，是需要有最高的智商，還是要有好的財力呢？

從台大經濟系教授駱明慶的研究中可以看見：「台大學生中台北市就占了30.6%、新北市也有19.37%，光是雙北市就占了將近一半的人數，等於台大生每兩個人中就有一個來自雙北。」

這些學生是生來聰明呢？還是因為家庭環境較為優渥，讓他們在現行的教育體制中獲得優勢呢？從研究當中顯示，ＩＱ處於領先地位的10％的族群，他們收入是普通ＩＱ的一點五倍。收入水準在前10％的族群，他們的收入是普通ＩＱ族群的二十倍。

是因為有錢才聰明，還是因為聰明才有錢，兩者可能都不是必然，但如果只用ＩＱ的分數來評斷，而不思考社會環境，還有其他的條件，我們就會變成只用ＩＱ思考人的本質。

了解每個生命的本質，而不是從簡單的測驗和數據加以認識，才能理解到每個生命背後的世界，來自星星的孩子能帶我們看到一個完全不同的世界。

憨兒也會變老

二〇一九年的一月十二日是桃園重要的一天，藍綠的重要人物都到了，鄭文燦市長、吳志揚前市長齊聚一堂……

什麼事情可以跨越藍綠？就是公益與弱勢。今天是真善美社會福利基金會附設的「真善美家園」落成，專門收容老化的憨兒，希望改善「雙老家庭」（照護者與服務對象同時老化）的問題。

我代表基金會上台講話，在桃園，我們是最大的ＮＰＯ組織，做為一個ＮＰＯ組織，我們在政府與民眾間是協調者與合作者，希望讓政府的資源可以發揮最大的效用，並且讓民眾的善款達到最大的效益，兩萬人次的小額捐款讓我們完成了真善美家園。

我們將所有捐款人的姓名都做成「愛心磚」，像廟的功德碑一樣，捐款人可以在這裡看到他們的貢獻，一塊磚一世情，捐款人可以隨時回來看他們的功德。今天看到很多捐款的朋友來這裡看他們集氣所完成的大愛，眼神中充滿著感動。當初我們看到很多雙老家庭的需求，於是投入「真善美家園」的建設。

會投入如此巨大的工程，是因為有難以承受的重量。

難以承受的重量

「要是我走了，誰來照顧他？」

這一句話成了每個心智障礙者父母心中永遠的痛。過去社會大眾的印象，總認為心智障礙者（喜憨兒）永遠只停留在兒童，卻忽略了他們的身體還是一直長大，甚至也會衰老。研究更顯示，智障者比一般人提早退化二十年，「平均在四十五歲的年齡，已是一般人六十五歲的身體」，而隨著醫藥科技的發

民國108年1月12日，真善美家園啟用開幕典禮。

達，人類愈來愈長壽，智障者平均壽命也逐漸延長，也因此讓照護期大幅增加，成了老憨兒家庭難以承受之重。

我們的法律和規範是為「正常人」而設置，目前法令還是規範，智能障礙者在六十五歲以後才算老人，此時才享有長照的老人服務。因此，就算家有老憨兒，家屬只能領取身心障礙補助，卻沒有老人安養的相關補助。於是，如果不是政府全額補助的低收入戶，家境小康的憨兒家庭，可能也無力長期負擔住宿型的照護費用。

很多服務對象來到真善美之前，住在骯髒不堪的環境，身上發出惡臭，家中地板或是憨兒身體上，都有些排泄物。年邁的父母親面對四、五十歲的老憨兒往往無能為力。當高齡的父母沒有資源照顧，體力也下降的時候，老憨兒的生活處境就會變得相當惡劣。

我們的服務對象阿秋，他的父母不堪照護壓力，想要送老憨兒進入住宿型的機構安置。他的爸爸本來一直不放心，直到認識真善美：「阿秋送到真善美裡面，我比較放心。」

但儘管如此，仍舊面臨三個難題，第一是全台的老憨兒收容床位嚴重不足；再來是父母捨不得和憨兒分離，只能咬牙苦撐、親自照顧；最後是無力負擔長期照護的費用。

以重度智能障礙病患來說，安置在老憨兒的住宿型機構，一般家庭每月得全額自費兩萬一千元，低收入戶家庭，政府全額補助，但中低收入戶每個月仍得負擔一萬五千元到五千多元的費用。

對於中低收入戶來說，很多人是付不出教養費的，長照2.0政策對於老憨兒智能障礙照護機構來講，目前看起來是不適用的。憨兒們老得快，外觀看來六十多歲的阿龍，實際年齡只有四十五歲。如果老憨兒不到六十五歲，他基本上已經被長照門檻排除在外面了，因為政府沒有正視到，這群人的老化，跟我們正常人老化不一樣。老小孩無法自己掌握幸福，需要政府和社會的共同關心。

除此之外，憨兒終將走到人生的終點，離開時，可能已經完全沒有親人在世了。基金會除了照顧老化的憨兒，也希望讓他們最後的一程圓滿。

讓孤苦無依的老憨兒最後一程也能走得圓滿！

從新北市來的阿復，二十年前從新北市轉介到真善美社會福利基金會附設的真善美家園安置，家園專門照顧老憨兒。阿復二〇一九年三月底因肝硬化過世，由於沒有親屬能辦理後事。一直照顧阿復、情同家人的真善美家園老師們，替他爭取喪葬款項，讓阿復最後一程能走得有尊嚴。

阿復因為肝硬化關係，長年飽受病魔折磨，本來看得見的他，也因肝硬化後續併發，導致雙目失明，這幾年來不時送醫，都由老師陪同，醫院也開了多次病危通知。

最後五十歲的阿復仍不敵病魔辭世，老師們都相當不捨。因為沒有親屬可以幫他辦後事，原本將交由政府單位比照低收入戶與無家屬的方式辦理，無告別式、無祭拜儀式，但真善美家園的老師們，為了讓阿復能風光走完人生最後一哩路，替他爭取喪葬款項，辦理告別式和法會，讓他的最後一程也能走得很有尊嚴。

告別式當天，共有四十多名基金會老師、人員到場送行，我們真善美家園居住的全是老憨兒，年齡從四十五到六十二歲都有，由於憨兒老化速度快，陸續有老憨兒辭世。真善美家園就是阿復的家，老師和家園的每一位服務對象都是他的家人，要陪著他走完人生的最後一程，讓阿復圓滿。

疫情下的身心障礙者

從二〇二〇年開始的疫情，讓全世界陷入各種危機，一般正常人的生活受到影響，身心障礙者更是蒙受其害。

我們每天開門就會吃掉六十斤的米，當然不是我吃的，而是我們的憨兒和工作人員吃的。但我們還是有比較多資源的，因為有人會捐米來、捐菜來、捐芒果來……

那社會上的弱勢呢？他們很多都還在家裡，疫情下很多弱勢的家庭是無以為繼的，所以我們將收到的物資，還有剩餘的，轉捐到我們名單上的弱勢家庭，裡面有生活的必需品，免於採買造成多餘的接觸。

平日真善美除了照顧自己的憨兒，也關心桃園地區的一些心智障礙的家庭，未來我們想要完成一個服務網，讓資源能夠進入社區。疫情期間大家都在說「同島一命」，有能力的人不關心需要幫助的人，是無法「一命」的。

防疫破口在哪裡？

我們基金會的孩子裡，其中三分之一是沒有社會支持的。沒有爸爸、沒有媽媽，或是爸媽走了，或是都在監獄裡。如果這些孩子在外面，他／她們肯定會成為防疫破口。他們沒有手機，對於世界沒有什麼概念。有一個孩子曾經跟著爸爸，但父親住進恩主公醫院後就沒有人給他食物，在醫院外面偷別人掛在機車上的便當。他的外表看起來像正常人，所以旁邊的人不由分說就開始打他。後來他癲癇發作，躺在地上口吐白沫，經由社會局的轉介才來到我們這裡。

有了家，他比別人都還珍惜，每天會摺被子，把每樣東西都收好。在加油站幫別人洗車和加油，冬天有時候寒流來襲，即使排到早上六點的班，他也五點起床，五點半在門口等著交通車來載他去上班。下班回來打掃自己的家，洗衣服、曬衣服。上班讓他有了收入，可以買自己想要的東西。而且他在老師的訓練下，開始有了基本的社交能力和認知能力，知道衛生的相關常識，洗手按照著口訣，一步一步的讓自己變「正常」。

有時候外面的計程車司機來載我出門，他都會跟司機打招呼聊天。司機有一次跟我說：「你們那個老師來這邊工作多久啦？」

我說：「他是智能障礙。」

司機呆了三十秒說不出話來。

之前看到武漢有個案例，是照顧的家屬被隔離，但家中腦性麻痺的孩子沒人理，最後活生生的餓死。每次看到這些孩子，就能知道我們跟中國的距離，也了解防疫必須落實在每一個環節上。

疫情期間哪也不能去的身心障礙者

過去幾年疫情中的生活，身處在收容機構身心障礙者感受非常深。二〇

民國111年2月14日，謝美英議員與台灣萌善根協會，捐贈白米給真善美。

二一年三月的時候，有個桃園長照機構的護士確診。當時所有防疫團隊們都非常擔心，因為在長照機構內的群聚傳染，死亡率最高，也是之前ＳＡＲＳ時遇到的問題。

桃園當時的市長鄭文燦，下令所有桃園的長照機構和社福機構中收容的對象不能返家，我們也包含在內。很多憨兒不能回家，會有情緒問題。他們就跟小孩一樣，當聽到回去之後，回來要被隔離十四天，雖然沒有數字概念，但覺得十四天好像很長，就比較安分。不過看著新聞，知道不能回家，還是為他們帶來一股和平常不同的壓力。我們就開始在裡面讓憨兒摺玫瑰花，分散他們的注意力。

在疫情最嚴峻的時候，醫護人員也擔心住在長照機構的我們。畢竟憨兒們三個月不能回家，外出的機會也減少。回家以後家人可能帶他們出去玩，回來又說不清楚去哪，這都是潛在的風險。

而且有些家庭的環境不好，在機構裡面還比較安全。

但也有些需求要靠「外援」，平常還是有些人需要看牙，有人罹患慢性疾病需要回診。兩百多個喜憨兒，要去看牙醫是個大工程。之前我們透過資訊工程人員發展出一套軟體，發現口腔清潔和憨兒的用藥紀錄有明顯的關係，口腔保護得越好，越不容易生病，特別是老化的憨兒。然而有些憨兒根本就不良於行，到外面的牙醫診所又容易造成困擾。我們就募了一台二手的牙醫診療台，牙醫診所會定期派醫護來看診。

防疫期間，牙醫師們也沒有忘記這群弱勢的朋友，到基金會義診。這次的疫情，彰顯我們社會的高度，也突顯台灣醫護人員動人的真情。

為了向醫護人員致謝，後來我們發起將手工玫瑰花轉送給醫護人員的活動，沒想到訂單大增，還要加班趕工。憨兒對於醫護人員是很感念的，有些以前被霸凌過，到醫院驗過傷；有些小時候被性侵過，也要驗傷；有些患有癲癇，一醒來就在醫院；有些有慢性病，定期要到醫院回診……憨兒有太多問題需要借重醫護人員。

他們知道醫護人員的辛苦，所以即使加班趕工也要將花送到桃園的各大醫院。

憨兒的智力不足，但在社會上曾經遭受的歧視，讓他們很容易辨別誰是幫助他們的人。他們的心思純淨，所以更能反映我們的人性。因為他們了解貧窮，了解不安全，知道誰是在社會上可以保護他們的人，除了我們這樣的基金會，就是不分聰明與否，只要看到病痛就會救治的醫護人員。

如何讓身心障礙者打疫苗

疫苗目前還是防疫的最好方法，但兩百多個收容中的喜憨兒要如何打疫苗呢？

疫情嚴峻的時候，長照機構有被排入疫苗優先施打對象，桃園市政府體恤憨兒團體外出施打，會增加染疫風險，安排中美醫院的醫護人員前往我們基金會協助憨兒施打疫苗。憨兒們本來就像個孩子，很怕打針，以往抽血也需要有至少兩位老師協助安撫，感謝中美醫院醫護人員的配合，讓憨兒們能避免移動，在熟悉的環境下接種疫苗。

考量施打對象以年紀較長的憨兒居多，疫苗接種會場播放輕音樂和緩他們的情緒，並提前規劃出動線和施打順序，過程中雖然有憨兒緊張的抓著老師的衣袖，但也有憨兒是很從容的比YA！

中美醫院共出動六名護理師，在醫師問診完成立即由護理師施打，並密切配合基金會自行仿效改良成迷你型「宇美町式」施打法，憨兒們坐著不動，由醫師們坐著滑動的椅子來幫助憨兒們，減少等待期間的害怕。

由於疫苗可能會產生發燒、肌肉痠痛等副作用，基金會教保老師和護理人員都已提前施打完成，並在當天上午先至診所備藥，更貼心在施打前提醒憨兒要多喝水，期待多一份疫苗的防護，能守住他們的健康。

當疫情已遠離我們的今日，回顧那段時期，可以說是基金會經營最困難的時候。以往可以跟捐款的善心人士直接互動，讓他們知道我們服務的情形，但疫情的時候不行。回到照顧弱勢的本質，我們不會因為面臨困難就不照顧弱勢，在我們有能力的時候、在困難的時候，只要還有一點餘裕，就要幫助比我們更困難的人。

老憨兒的最後一哩路

永遠七歲的建平

「好！ＯＫ～沒問題！」家園裡時常會聽到一個清脆又爽朗的聲音，他是建平，一個看起來白髮蒼蒼，但總是充滿著活力，並且熱愛助人的鄰家伯伯。每位來到家園的民眾，都以為他是這裡的工作人員，然而，卻不知道這位頭髮發白的伯伯，其實心智年齡只有大約七歲，每當有人問他幾歲時，將近五十歲的他總是笑笑著說，「我不知道……」。

這位鄰家伯伯，最喜歡的，就是擔任真善美收容機構仁友愛心家園「愛心小舖」的小店長，每天都會用心拿著掃把將地板的每一個地方清掃乾淨，無論是擦貨架、整理貨品，還是搬動物資等較繁重的事務，他都從不會感到厭煩，而覺得那是應該要做的事。

每天早上，建平會在門口等待每個來上班的工作人員，用他最熱情的招呼聲迎接大家，甚至幫忙拿手上的物品，貼心的小舉動都讓工作人員感到非常窩心。而每當有善心民眾來園參觀時，他也最喜歡帶著民眾去愛心小舖觀賞他親手做的串珠作品，用心介紹每個作品的名稱，甚至會很熱情的告訴你「這都是我做的！」。

十一年前來到這裡的建平，原本由哥哥和嫂嫂共同照顧，之前週末和過年都能夠回家團圓，但幾年前哥哥不幸出了車禍，現在逢年過節建平只能待在仁友，加上身體狀況大不如前，更不能沒有仁友的照料，仁友就像是他唯一的家。

真善美有很多像建平這樣的小孩，我平常在中央大學擔任教授。有時中午在學校開完會，下午回到家，看到社工帶著一對滿頭白髮、駝著背的老夫婦來參觀，他們應該都超過七十歲了。後面跟著一位同樣也是白髮的婦人，牽著老媽媽的手，感覺很像帶著三、四歲的小朋友。

「我們對這裡的環境很滿意，但是我們家的小朋友都沒離開過家裡，不知道會適應得如何。」老夫婦說。

這句話讓我想起第一次帶三歲的兒子去幼稚園的時候，也會看看幼稚園的環境，希望將小孩託付在一個安全的環境。

「我們這裡會有相關的老師安頓小朋友的情緒，讓她慢慢適應這裡的生活。」

同樣的一句話，但老夫婦的小朋友是五十多歲、快六十歲的老憨兒。普通人對於自己的小孩子，還可以期許他們有一天獨立自主，但這對老夫婦帶了她一輩子，到死都無法放心下來吧！我們的確有些老憨兒，離開世上的時候已經沒有家人，只剩我們了。這就是我們工作人員樸實無華的日常。

在社區中的弱勢家庭

「蘇小姐，謝謝妳！功德無量。」一句簡單的道謝，一般人可能覺得微不足道，但這句話從一家多口都是智障者的家庭中聽到，我聽起來卻格外溫暖。

他們全家共六個人一同租屋居住，爸爸是清潔工退休，老婆、兒子、女兒皆為智能障礙者，孫子及孫女還在就學階段，也疑似是障礙者，全家僅靠補助金收入生活。如果以一般人的標準而言，他們在社會上幾乎沒有生存的力量，光是家中馬桶塞住的問題，就已經延續了三年之久，期間請了不同人兩次幫忙，一次將馬桶敲開、一次抽水肥，馬桶阻塞問題依舊未獲得解決，甚至因為弱勢、善良，被不肖業者隨便處理後，以高價收費，但馬桶依然阻塞。

爸爸曾經找過房東，但因為房東表示這種事情很麻煩，要住戶自行處理，否則不再續租。這對於七十多歲的爸爸來說，簡直是青天霹靂、雪上加霜，完全求助無門。

社工介入後，曾協助找相關單位處理，但也因為修繕單位覺得處理這樣的事情相當麻煩（需將馬桶敲掉、環境大改造等），故委婉拒絕。剛好一個機緣下，社工幫忙尋求是否能以低價協助處理馬桶阻塞的問題。

最後在善心士的協助下，僅收半價（一千元），使用專業的機器將阻塞物從馬桶中抽取出來，解決了許久未能解決的問題，爸爸展現難得的笑容，直說「一直都沒碰到對的人，謝謝你們」。

雙老家庭

不管在真善美基金會的機構中，或是在社區中的弱勢家庭，都有照顧對象和照顧者「雙重老化」的「雙老家庭」。

全台有超過九成的智能障礙者，都住在家中，隨著年紀漸長，這些智能障礙者成了「老憨兒」，而負責照顧的雙親更是年邁，成了「雙老家庭」，許多老爸爸、老媽媽因為身體退化，無法再繼續照顧，有一次TVBS的記者前來真善美關懷，採訪帶著稚氣的小蓮花阿姨。

小蓮花阿姨：「好一朵美麗的茉莉花，好一朵美麗的茉莉花。」手拿麥克風，綽號小蓮花的玉蓮阿姨開心的哼著茉莉花，臉上的天真表情和像孩子一般的羞怯語氣，和她五十九歲的實際年齡，似乎有點搭不上。

小蓮花阿姨是年長的智能障礙者，也就是老憨兒。原本她跟媽媽同住，但隨著母親年邁失智，只能夠把她送到基金會來照顧。

小蓮花阿姨：「當然會想啊，我在心裡想啊。」面對鏡頭，小蓮花說出對母親的思念，畢竟她過去的人生，都跟媽媽一起生活。

教保組長徐于婷：「那一份情感的割捨跟不放心、害怕、擔心，其實在他們一入住家園的時候，真的會有滿多這樣的狀況。」

像小蓮花和母親這樣的雙老案例，在基金會裡頭比比皆是，背後更多的是我們看不見的照護問題，像是許多老憨兒被家人送來的時候，身體都已經拉警報。

教保組長徐于婷：「我們也曾經碰到兩、三個長者，他們的那個健保卡是從來沒用過的，然後進來之前，可能要做一些健康檢查，然後我們這邊有健康管理，才發現原來他們有糖尿病。」

國內有91.6%的智能障礙者住在家中，因為行動不方便或礙於社會觀感，他們時常只能夠待在很有限的活動範圍，連出門都很困難。再加上心智障礙者的先天狀況，容易併發腦性麻痺或癲癇，造成生理功能退化。

根據統計，老憨兒他們的身體老化速度，比我們想像中的還要快，快上了二十年。也就是說，如果是四十五歲的話，其實他們的身體年齡可能已經到達六十五歲了，依照快二十年的老化速度，老憨兒在三十五歲的時候，就已經邁入健康關鍵期。因此在照顧上，如何延緩他們身體的老化，變成很重要的課題，所以我們會不斷安排體適能活動，透過簡單的互動遊戲，鼓勵老憨兒一起動起來。

老憨兒的最後一哩路不只是老憨兒，後面還有他們的家庭，如果社會缺乏照顧機構解決他們所延伸出來的各種問題。老憨兒的問題，將會成為社會大眾共同的問題。

第三部

讓真善美永續

照顧弱勢的態度，就是文明的高度

對待弱勢的態度

今天太陽出來了，天氣不錯。

早上出門的時候看到老憨兒在庭院當中，我跟美淑打個招呼。美淑一出生身體就扭曲了，無法站起來，身體永遠呈現S型，又伴隨著智能障礙。已經六十歲的美淑，上次宋楚瑜先生來的時候，牽著她的手，問：「妳哪裡人？」

「我南投人啦！」美淑說。

「我以前也住南投，在中興新村。」

其實美淑是我媽小時候住的隔壁村出生的，一直聽說有這個孩子。她的家長雖然經濟狀況不好，但也把美淑養大。我媽會收一些家鄉的弱勢憨兒，當她開始做老憨兒的照顧時，想起家鄉的美淑，便把她接過來。

我們請專業的輔具製造廠商，幫美淑做了一台可以躺的輪椅，讓她出去曬太陽。以前在家的時候，她最常看到的景色就是白色的天花板，現在她有輪椅每天可以推出去看看風景。

她之前想出遊，想要欣賞桐花盛開，前幾年有些熱情的志工幫助她實現這個夢想。

平常在機構裡的時候，照護員每天要幫她擦身體，活絡血液循環，以免有褥瘡。冬天的時候，寒流來襲，四肢末端會被凍成紫色，幸好後來媒合到做地暖的廠商，幫我們做了一間地暖的房間。寒流來襲，可以讓循環不好的憨兒進去住。

手部還能運動的美淑，每天會用手投籃球，運動一下。

每天看著這些面孔，既熟悉又陌生，你，能直視扭曲的生命嗎？還記得以往我不能直視他們，看著他們的臉或是身體的扭曲，總覺得有點不自在。

我不是社工，也不是專業的護理人員，在我的專業裡面不會看到這樣的人。他們不會在日常生活中出現，但每天跟他們相處，越來越可以知道他們的想法。台灣有多少憨兒呢？

超過四十五萬。

百分之九十以上在家中，其餘的有些在我們這樣的機構中。我們收容的是弱勢中的弱勢，因為他們很多沒有家。

我一直在想，全球的疫情下，像他們這樣的孩子會死去多少呢？在疫情大爆發的國家，他們的死亡率有比正常人高嗎？

看到這些老憨兒，有些將近七十歲，有些五十多歲。在過去七十年裡，台灣不是沒有經歷過動盪，但他們都被我們保護下來了。身心障礙者是弱勢，如果他們的經濟狀況不好，或是社會資源缺乏，就會更加弱勢。

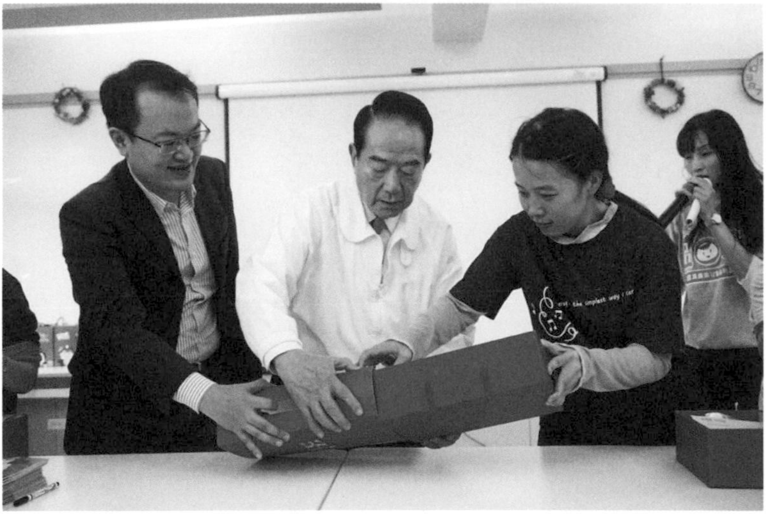

民國108年12月28日，親民黨主席宋楚瑜來訪真善美。

面對身心障礙的態度

很多朋友問我：「面對身心障礙者，要有什麼態度呢？」

我經常會說：「如果有一天我們跌倒，腳斷了，或不小心被車撞了、行動不便。還是有一天我們老了，不良於行，會希望別人怎麼看我們？」

所有人都不希望被差別的對待，差別對待才是造成障礙的原因之一，而不只是先天或是後天所形成的障礙。現在普遍對於身心障礙者的認識就是：「一個人的功能不全，係因疾病、意外事故或其他健康方面的因素，然後與環境互動後，造成日常生活中的限制，或是社會參與上的限制。」

簡單的說，我們只要能體會和有同情心就可以感受到。像是疫情期間，政府有相當多的防疫措施，出門要戴口罩，但有些智能障礙者無法理解，或是聽障者，如果無法看到別人的嘴巴，就無法理解別人在說什麼。

由於視力或是行動上不便，無法獲得打疫苗的諮詢，也看不懂指示。在訊息和資源上的不對等，甚至會造成疫情的破口。聽障和視障者都有工作能力，但在疫情的時候，因為改成線上，讓他們無法接受教育或是完成工作，這些都是社會條件造成的障礙。

不只是就學、工作，當需要就醫的時候，身心障礙者比起一般人更加不方便。在檢查的器材上，幾乎都是為了一般人設計，身障者身體有病痛的時候，很難移動到檢查儀器上。而且，用藥須知或是檢查的通知單往往密密麻麻，正常人有時都要花時間閱讀，何況是有視力障礙的朋友，或是智能障礙的朋友，他們可能完全不清楚就吃了藥，危及身體的健康。

日常生活中，我們可以在高低不平的騎樓中行走，但只要想像脊髓損傷的患者，搭乘輪椅根本無法穿越這樣困難的步道，有時進入商店的階梯也讓他們被排除在外。視障者在如此有障礙的空間也容易跌倒。這樣有障礙的空間，不僅讓身心障礙者為難，也讓推著嬰兒車的家長不便，或是會影響視力和行動不便的長者。

如果再進一步思考生活的細節，大家也可以想像，身心障礙者去銀行開戶、買保險或是遇到法律上的問題時，會有多不方便。這些事情對於一般人而言，都存在很多專業的術語，已經有難度了，何況是身心障礙者，要讓他們能夠明確知道自己的權利義務，才能夠保護自身的權益。

我們正常人想要的，身心障礙者都想要，但很多事情我們可以單獨完成，身心障礙者無法，這樣的障礙是社會和環境所造成的。我們對待身心障礙者的角度不是同情，而是同理，思考如何創造一個環境，是所有人都能生活的地方。

對待弱勢的態度，的確反映了我們文明的高度。我們的社會要有一個都不能少的想法，才不會因為智能的關係，就覺得他們的命跟我們不同。或是因為任何身體上的障礙，就讓他們的權利與我們不同。

聰明做公益：將愛分享給更多需要的團體

為什麼做公益？

台灣是個有愛的國家，在國際有難的時候經常伸出援手。我經常到日本旅行，他們直到現在，還非常感激在三一一海嘯的期間，台灣民眾踴躍捐款至少兩百億日圓，全世界第一。

不只國外的捐款，從《公益觀察二〇二一》的資料顯示，台灣民眾二〇二〇年的個人捐款規模超過一千億，相較於二〇〇三年統計的四百多億元，有顯著的成長。

公益就是不大計較眼前的利益，贊助或是支持某項有關公共議題的活動，可以分為出人，用自己的時間和體力幫助別人；出物，將物品捐給需要的人；

出錢，捐給做事的人或單位。

如果問大家為什麼做公益？想要提供自己的力氣、物品或捐錢，每個國家和文化不大一樣。有些捐助是有對價行為，像是中華文化中覺得行善可以積德，讓自己和子孫都因為行善而得利，而且可以保平安。

有些捐助是自發性的，覺得取之於社會，也要用之於社會。從不同的層面可以觀察捐助的動機，像是自身的遭遇，孤兒如果從小受到育幼院的照顧，長大之後有能力也會回饋相關的機構。有些大企業為了節稅，成立基金會來避稅，也有實質上的考量。

我們如果分析台灣的捐款流向，其中很大部分的捐款是給宗教團體，也有流向社會慈善團體。捐給宗教團體最主要的是希望積功德，求福報，捐給社福團體的則是自己有能力了以後，想要回饋社會。

每年在台灣有捐款習慣的人將近一半，相當踴躍。台灣人十分樂善好施，我們看到窮苦，或是需要幫助的身心障礙者，會起憐憫之心，希望透過我們的幫忙，他們的生活能夠過得更好。

捐的錢去了哪裡？

然而，如果我們進一步的問捐款人是否知道自己捐款的流向呢？只有三成的人會看捐款單位的成果報告，大部分的捐款人不知道自己所捐的款項流向何方。

台灣的公益捐款，我們可以從四個方向去了解概況：

第一、四大社團像是扶輪社、獅子會、同濟會和青商會，每年都會有計畫性的捐助社福團體，透過服務展現社團的價值。

第二、台灣吸收最多捐款的公益團體屬於宗教團體，他們由於所收的資金夠多，也可以辦學、興建醫院、進入原住民部落幫助弱勢族群。

第三、各種基金會或是協會，有些由財團所捐助的基金會，像是永齡基金會、富邦基金會、中華聯合勸募協會……因為捐助的目的不同，進行不同的活動。

第四，默默行善的人和團體，我們也經常聽到有些默默行善的人，像是台東的陳樹菊阿嬤，在菜市場賣菜，二十年來捐助超過千萬元助學，還入選了二〇一〇年的時代雜誌百大影響力人物。除此之外，陳綢阿嬤四十年來做粿包粽籌建兒少之家，嘉邑行善團三十年來造三百餘座橋。全台各個角落還有無數的默默行善者，默默地發光。

台灣一年的慈善捐款超過上千億元，但大多數金額都給了知名度較高的組織，其他的社會福利組織的資源相對弱勢。

最大的問題在於捐款人相信知名度較高的組織，但知名度無法代表透明度。捐款行為一開始是情緒性衝動，但捐款流向和組織如何使用捐款者的錢則必須有理性和透明的查核機制。

知名度比較高的組織，是否比較會處理善款呢？

天然災害往往會引起民眾的情緒性捐款，我們從日本三一一大地震、台灣的莫拉克風災、中國的四川震災和南亞大海嘯等天災後的捐款來分析。台灣民眾在這四場災難中都踴躍捐款，但從相關的媒體報導來看，捐款和後續的執行金額卻不如理想。

有名氣的基金會不一定會完整的交代捐款流向，考量到很多需要幫助的社福團體，他們都在社會的不同角落努力。捐款人應該確認自己的捐款動機，針對相關的主題諮詢，在捐款的的時候應該更加了解相關的社福團體，讓捐款和物資用到對的地方，並且希望捐助的單位提供可信的報告和管道。

我們如果看台灣的公益捐款，從《公益觀察二〇二一》的資料中，的確是呈現擴張的趨勢，個人捐款本來占GDP的0.4%增加到0.54%，跟全世界其他國家相比，僅次於美國、紐西蘭和加拿大，高於很多已開發國家，顯見台灣民眾的善意程度。

以往主要相信捐給宗教團體會積陰德有福報，當社會轉型，公民議題更多人關心，而且台灣從三一八學運，還有歷次天災，民眾自動自發所發起的救災，讓公民社會更加成熟。數位科技的時代，讓更多人運用數位科技徵信，年輕人的捐款更加著重新興議題，注重捐贈單位的服務報告，還有捐款的便利性。

所謂的非營利組織，有些稱呼「第三部門」，就是在政府和企業之外的部門，處理他們所無法處理的事情。非營利組織主要是透過使命，匯集人力、物力和資源，並且對社會產生影響。

經歷過新冠肺炎的全球流行，大型的災難讓我們看到政府，還有跨國防疫組織的問題。在疫情中，如果醫療和護理人員是第一線，社福組織就是第二線，很多公益部門的努力，讓我們的弱勢族群得以度過疫情。

聰明做公益就是讓我們與他人都過得更好，並且在幫助別人的同時，也幫助了我們自己。

打造一個共融的村落

Enabling Village

人生需要發願，我跟夥伴們一起發想，然後完成彼此的夢想。

我們基金會走過了二十年的時候，完成了「真善美家園」，成為台灣照顧老化喜憨兒的第一座院區，完成階段性的任務。為了走向下個十年，凝聚主管和員工間的共識。我提出了「真善美憨樂生活村」的構想，希望成為下一個十年的目標。

由於是前瞻性的計畫，國內各社福組織都沒有相關的構想。透過中原大學景觀系主任彭文惠教授的介紹，得知新加坡的相關設施中有值得我們借鏡之

創造一個景點，讓人至少可以來拍照

創造一個空間，生命教育體驗在其中

透過特殊的輔具設計，讓來訪者能感受和體驗，並願意停留。

處，籌劃了新加坡參訪之旅。

我們前往新加坡的Enabling Village，由新加坡社會家庭發展部（Ministry of Social and Family Development）所設立，是新加坡為了加強身障服務總藍圖（Enabling Masterplan）政策下的一環，希望為身心障礙者打造的社區服務中心。首要目標是幫助他們自力更生，從安排多樣化職業培訓課程（如餐飲、家務、藝術）、協助身障者評估求職能力，以至為他們配對就業機會等。如新加坡自閉症資源中心（Autism Resource Centre）在此經營就業與培訓中心（Employability & Employment Centre），邀請不同社會企業擔任合作夥伴（Job Site Partner），為自閉症者帶來發揮才能的就業機會。

Enabling Village坐落在紅山的麟谷巴魯（Lengkok Bahru），占地三萬平方公尺。此地之前是全國職工總會就業與職能培訓中心所在地，Enabling Village接手後花了一年多時間展開大規模改造和裝修。Enabling Village耗資兩千五百萬新加坡幣，當中三分之二費用由政府承擔，其餘三分之一則由私人領域的企業、基金等贊助。

這個村子設有專門的資訊和職業中心，幫身心障礙者評估求職能力，向他們推薦培訓課程，也會幫他們配對工作。除了把身心障礙者與就業機會聯繫起來，幫助他們自力更生，中心也協助在身心障礙者和整個社區建立聯繫。

Enabling Village中有三家餐館和一家平價超市，它們都向普通公眾開放，也是身心障礙者的培訓基地，可讓他們學習從事餐館和超市工作的技能。

身心障礙者也有很多機會與普通公眾交流，例如當中的Kindle Garden幼稚園讓智障孩童和普通孩童在同個屋簷下學習；iFit健身房不僅能迎合身心障礙者和年長者的運動需求，也向周圍的居民開放。透過靈活的運作方式，還有活潑的空間設計，讓廢棄空間重新活化，例如：「創造一個景點，讓人至少可以來拍照」、「創造一個空間，生命教育體驗在其中」、「創造一個據點，來這裡有吃有喝有拿」。

創造一個據點，來這裡有吃有喝有拿

便利超市，落實內購價格不驚人，有一定的便利性。

DIY手作課程，結合親子活動，會讓人更想多停留一會。

特色小站，有足以停留喝杯不錯的飲料，優閒的歇會。

如何把產品能賣出去？

不只是手作，而是真的能在市面上流通的商品

像是圖騰有辨識度和接受度，透過故事行銷，讓產品居然也躍上國際。

結合訓練課程，生產出的產品不是公益，而是所謂市場具競爭性的商品。

如何在台灣打造一座村子

參訪回來之後，我們決定在新屋打造一個給身心障礙者和社會大眾的村子，在台灣能有什麼樣的可能性？

然而，準備開始建村的時候，遇到了疫情，而且原物料大漲，在疫情當下要募工程款，簡直比登天還難。但是，關關難過關關過，占地兩千坪的新院區，二〇二〇年初一千兩百坪的房子開始起建，加上土地的費用，高過一億。

幸好我們團隊的夥伴不管是在房子的設計，還有工程的進行，都努力加緊腳步，跟時間賽跑，越晚工程的材料價錢更高。除此之外，我們也努力節省，因為所有工程的款項都是募款而來，節省捐款人的款項十分重要。

一般人要蓋一千兩百坪要花多少錢？按照政府的公告，如果要做政府的案子，一坪大概要十萬。如果是更好的房子，一坪要十萬以上。我們蓋一坪要多少錢呢？

五萬多元。我們自己發包工程、自己監工，有些身強力壯的憨兒也來幫忙。

除此之外，我們的磁磚是精工磁磚捐的，油漆是金絲猴捐的，塑膠管是大洋塑膠捐的，牆壁是鮮茶道捐的。萬華龍山寺捐了六百萬的水泥。還有很多的工人做完了以後說：「我只跟你們收工錢，你們在做好事，我做的都算服務。」

為什麼要省？我們靠的是社會大眾的捐助，一千兩百坪如果一坪十萬，要超過一億的工程款；但我們花了六千多萬，省了五千多萬。五千多萬要募很久，甚至募不到，所以我們要省。

而且有磁磚的捐磁磚、有油漆的捐油漆、有錢的捐錢、有力的出力，這就是一個村子互助的概念，有能力的人幫助需要幫助的人。

不只是公益，這裡真的具有便利性而且好公益

村落特色，有一些特色優美的環境，水管屋的設計和植栽種植，很適合拍照。

琳琅滿目的商品，搭上了文創設計風，真的很公益，其實也很好買。

憨樂咖啡館。
截圖出自 https://www.youtube.com/watch?v=xvwczHSuMG4&t=99s

真善美新屋的新院區整棟是白色的，我看著舞台背後的白牆，還有周邊的白色牆面，想讓這些牆繼續留白。等過兩年，在此居住的工作人員和心智障礙者住下來後，慢慢凝聚出屬於當地的住民文化時，找藝術家來彩繪，用藝術凝聚彼此的使命和向心力，並且和新屋當地的特色結合，成為這裡新的建築和文化亮點，透過公益凝聚文化。

工程結束後，要讓大家能走進來，就要有個空間可以匯集人氣，什麼是可以讓大家坐下來休息聊天的地方呢？那一定就是咖啡廳了，在社福機構中開咖啡廳，而且在新屋的鄉間，聽起來就有點難度。

透過我扶輪社朋友的幫忙，召集了八個扶輪社一起來完成，從規劃、設計到執行，兩個多月就將咖啡廳完成了，四十多坪的咖啡廳，有義大利來的咖啡機，兩面是滿滿的書牆，所有的書都是二手的書，分門別類，從小說、旅遊到經營的書籍都有，讓人可以在這裡安靜的閱讀和沉思。

園區種了兩百棵的澳洲茶樹，以後我也想要買台精油機來做精油，就叫「真善美精油」吧！而且這裡還有生態池，裡面兩百多條的魚，之後將植栽做好，可以發展成具有特色的農園，開始讓遊客來參訪，既關心喜憨兒，又可以到農村體驗，並且透過手作的工藝教室，讓全家有多層次的體驗。

這是我建立村落的第一步，好事要做大、要長久、要對社會更有影響力。未來五年到十年，這裡會是一個集合社會福利設施、農村市集和觀光農園的複合村落，同時提供新屋的居民可以就業的環境，服務將近百位的身心障礙者。

如果這樣一個模式可以成功，我們也可以推展這樣的計畫到其他的偏鄉，不僅僅解決弱勢照顧和長照的問題，同時也和偏鄉的人力就業、地方創生結合。解決社會問題要靠創新的想法，與其說我從事社會福利，不如說是社會設計的一部分。我自己期許是讀書人，也是做事、做工的人。

創造共融的環境：建立一個愛的文化館

「爸爸，我要爬到最高！」兒子指著三層樓高的茄苳樹。

夏天的時候帶他來攀樹，他相當有興趣。

一個小時，七歲的他慢慢的攀，下面的人都說他攀那麼高不會害怕嗎？

「很好玩，怎麼會可怕，我要再往上爬！」他一邊爬一邊回答。

攀樹的時間一個小時，很花力氣，要手腳並用，爬到了將近十公尺的高度。

攀樹的課一般都在野外上，在市區當中能夠攀樹的應該只有真善美社會福利基金會經營的「壢小故事森林」。

兒子暑假除了在這裡上攀樹課，也上繪本課，透過繪本說故事。

民國111年9月20日，張善政市長（當時為候選人）參與壢小記者會。

「壢小故事森林」聘用由憨兒組成的「工作家務隊」負責環境維護清潔，餐廳內也有憨兒員工，讓民眾到此不僅感受日式建築文化氣息，也能面對面與心智障礙者接觸，園區更是全台首間結合親子、憨兒與教育等核心，透過了解故事，進而創作故事，提供孩童寓教於樂的文化館舍。

透過故事，讓每個人感動，因為每個人都需要故事。

每個人都需要故事！

從小我們在故事中理解世界的景象。透過朗讀，我們在上一代的故事想像中馳騁。人類發展出說話能力的同時，也漸漸具備說故事的能力，我們的語言和說故事的能力一起發展。

成長了以後，我們可能著迷於浪漫的愛情故事，或是刀光劍影的武俠故事，也或許浸淫於神秘的奇幻故事。有時不經意的小故事可以給我們人生靈光乍現的啟蒙，有時是閱讀過程中的知識啟蒙。故事經常是帶領我們人生的一盞燈，每個人生存的意義也仰賴故事所編織出的網。

我曾經在台北的華山文創園區策展「華文朗讀節」，當年的主題是「故事的力量」，帶領大家一起領略故事的豐富性，有虛構的故事、非虛構的寫作、親子的朗讀、飲食的故事、影像的故事、命運的故事、文學的故事、奇幻世界的想像故事……等，打破「文字等於文字工作者」的刻板印象，大膽地跨界對話，細數「故事」長大以後，如何成為各領域中的重要文本，透過「朗讀」賦予文字新的生命，同時我們也教大家說故事，從閱讀、素養、人文知識和教育，期待聽眾也能成為下一個說故事的人。

當年的「華文朗讀節」三天半的時間進場了四萬多人，跨越了族群、性別和年齡。當我做為真善美社會福利基金會經營者的時候，我也在思考如何說心智障礙者的故事，他們的故事更加值得被訴說、被傾聽，他們也可以創作無限的故事。

讓生命品質更美好

回到基金會成立的初衷，給所有的孩子都能享受快樂的環境是真善美社會福利基金會的宗旨，真善美二十五年來一開始是服務「跟一般有點不同」的孩子。我的父親在高中教書，擔任教職期間，偶然接觸心智障礙學生，發現心智障礙者只要能給予足夠的教育，能力其實可以被啟發，也燃起他創辦機構的熱情，並在退休後跟我媽媽一同投入。

一開始秉持給魚吃不如教釣魚的理念，讓服務對象可以習得技能，取得自我照顧能力，堅信「拯救一個孩子就是拯救一個家庭」的想法，讓心智障礙者在專業化的服務下學習各種生活、職業技能，期待未來每一個服務對象可以自立，獨立生活於社區之中。

後來有感於許多智障者老爸媽即使拖著病體仍無法卸下照顧重擔，因此決定成立基金會，結合累積的經驗與專業服務團隊，整合資源並擴大推動服務理

民國111年10月19日，鄭運鵬委員壢小參訪。

念，加強對社區憨老家庭的協助，並以「憨兒自立」、「憨老扶助」及「培力育才」三大方向做為基金會發展方向，秉持「愛、專業、尊重、熱忱、珍惜、創意」六個信念，積極推動成人心智障礙者福利園區的設置，進一步結合在地小型機構服務及社區照顧服務等，全力健全服務面向，為智障者及其家庭努力，讓台灣身心障礙者的生命品質更美好。

憨兒在真善美學習各種各樣的生活技能之後，他們跟我們一樣，喜歡聽故事，並且創作故事。當桃園市文化局公開招標「壢小故事森林」，我秉持著每個人都喜歡聽故事的理念，希望豐富身心障礙者的生活，讓文化平權落實。

教育即生活

以「教育即生活」的概念讓日式宿舍成為生活美學的人文場域；中壢國小日式宿舍整體環境與軌跡，見證了中壢長達一百年以上的城市發展史，也展現了庶民文化、學校生活及文化資產空間活化再利用，並彰顯文化地標的價值與歷史印記，為展現上述特色並與地方產生連結，因此定位三大核心面向以「文化保存」、「自然環境」、「人文特色」為經營主軸：

一、文化保存：中壢國小日式宿舍據推測建於一九〇一年，為中壢支廳及中壢公學校設立後供公務員居住之用，戰後則做為學校宿舍使用，居住者多為中壢國小校長老師。具有形文化資產保存及歷史建築活化再利用的特色價值。

二、自然環境：利用周圍老樹自然遺產以建築、植物及結合自然環境關係為主，傳達館舍與周邊植物的相互關係，並規劃相關環境教育課程與學校結合共同推廣課程的概念。

三、人文特色：中壢國小日式宿舍見證日治時期到戰後中壢國小教師宿舍群內之生活史。與周邊中平路故事館、壢景町呈現早期教師與學校生活樣貌，了解中壢國小日式宿舍及地方的發展脈絡史。

由上述三大核心面向，搭載環境教育領域中「文化資產」，將具有歷史、文化、藝術、科學、建築、生活等特色，如歷史建築、聚落建築群、考古遺址、史蹟、文化景觀、古物等有形文化；傳統表演藝術、傳統工藝、口述傳統、民俗、傳統知識與實踐等無形文化及自然遺產、自然地景加以保存或維護。結合基金會資源提供多元公益平台，讓喜憨兒們學習與遊客民眾互動，讓民眾有機會了解他們創造另一個溫暖的文化場域。

融入環境課程規劃、導覽活動、人文講座、跨界活動、社區小市集活動，連結地方鄰里間情感，讓整體中壢國小日式宿舍發揮有溫度溫暖的場域，結合周圍中平路故事館、壢景町成為中壢的文化新地標。並結合周邊環境、生態、歷史、人文、藝術特色，無論是創意DIY、部落客、繪畫、設計、生活美學、表演藝術提供多元藝文消費服務，並與公益平台相關單位合作共同推動文化參與。

憨兒以往都在加油站打工，或是進行勞力的工作，很少進入文教場域，因此營運館舍舉辦親子活動，也讓工作家務隊憨兒能在這裡從事打掃工作，打造無礙共融空間。

過去來真善美社會福利基金會關心的捐款大眾，大多來機構「特別」地關心他們，但在「壢小故事森林」一旁正是學區，有中壢國小和中壢家商，憨兒智力約八到十歲。一般孩子喜歡的故事，他們也喜歡。日後在此辦親子、手作相關活動，可讓孩童與憨兒相處，學習共融社會精神，擴大文化參與，盼讓此處成為有愛的文化場館。

讓憨兒也能成為地球資源的保護者

只要太陽還在，守護憨兒的能量就會源源不絕！

二〇一九年五月開始發電的公民電廠，設立在桃園市真善美社會福利基金會的頂樓。由於真善美家園占地廣大，建置了168.3kW的太陽能光電系統。二十年可以發電三百四十五萬度的乾淨能源，減碳超過一百八十二萬公斤，相當於種了八千三百三十五棵樹，而且幫助建築物降溫三到四度，同時也為真善美基金會獲得每年將近八十萬元的受電收益。

未來的日子裡，只要太陽還在，二十年的收益相當於一千六百萬。對於真善美基金會而言，這是一筆長期穩定的收入。基金會經常獲得的捐款是一次性短期的捐款，救急而非固定的來源。然而，今年年初才落成的老憨兒家園需要的是長期且源源不絕的善款。

憨兒與老憨兒有什麼不同？以往我們經常在媒體上看到可愛的憨兒為了自己的生計，學習技能從事烘焙的工作，或是在加油站洗車和加油，從事勞力的工作。年輕且可以訓練的憨兒，我們希望他們能夠逐漸回歸社會。

然而，憨兒的智力也會退化，壯年時的智力可能是五到八歲，老憨兒的智力會更低，以至於無法到社會上工作，無法賺錢養活自己。憨兒比起一般人更容易老化，正常人到六十五歲退休，仍然生龍活虎。憨兒大部分到了四十歲以後就出現了老化的現象，視力衰弱，體力下降，無法負擔工作的辛勞。

如果我們思考一下，當憨兒四十歲以後，照顧他們的父母親幾歲了呢？可能七十歲或八十歲，面對長不大的孩子，他們在走的那一刻都還放不下。真善美基金會十年前打算建造一座屬於老憨兒的家園，讓年邁的家長可以安心地放下牽掛，將憨兒託付給我們。

老憨兒家園完成了，但照顧老憨兒的重擔我們要承擔了。老憨兒和一般的老人相同，有著慢性病纏身的問題，需要長期的醫療照護。因此，照顧老憨兒需要的是長期且穩定的收入，而不僅是一次性的捐款。

當憨兒電廠開始發電的那一刻，熾熱的太陽轉化成實際的收益，讓照護老憨兒餘生的資源有了著落。

讓憨兒也為綠能盡一份心力

回想五年前的七月底，當初我和台灣大哥大的總經理，還有陽光伏特家的共同創辦人暨台灣綠能公益發展協會理事長陳惠萍，在台灣大哥大松山菸廠的總部舉行記者會時，我們要兩個月募到八百九十五萬的善款，才有可能完成真善美家園的太陽能光電系統。

當時我們動員了很多的人脈，希望桃園的大家長鄭文燦市長一起幫忙，並且號召各界名人，一起在各種媒體上發聲。最後十天還差兩百萬的缺口時，我

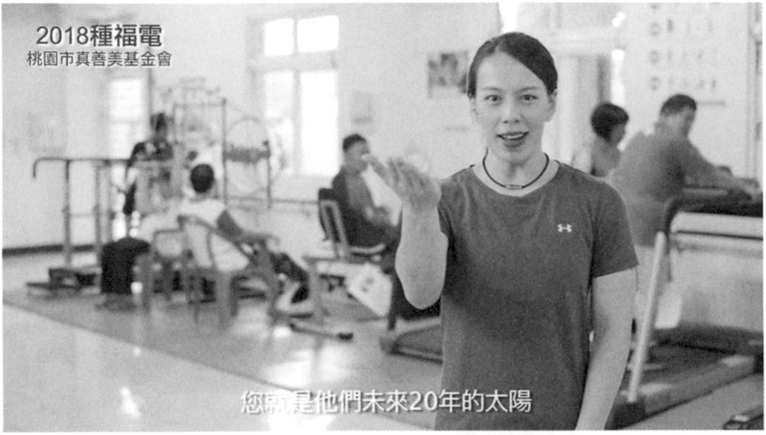

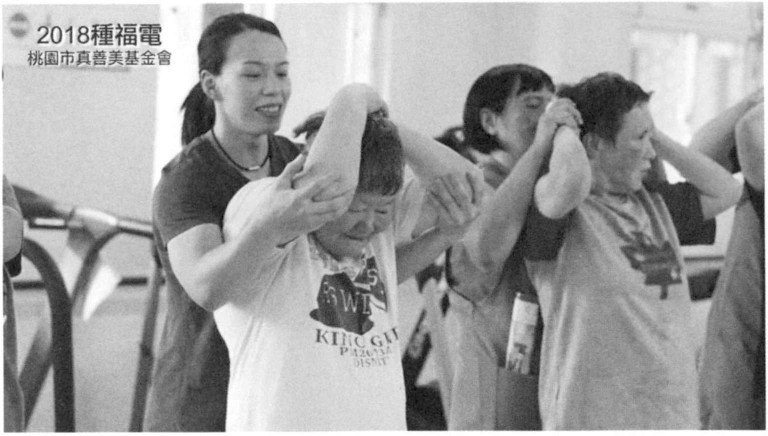

奧運金牌選手郭婞淳，擔任種福電計畫募款代言人。
截圖出自 https://www.youtube.com/watch?v=qBuRUzQFGWY&t=6s

們還以為做不到，一切的努力會付諸流水。但是當時的募款代言人，也是舉重金牌國手郭婞淳不僅幫我們拍宣導影片，還親自出席募款的場合，希望各界都能完成這項善行義舉。

我們做到了，善款募集成功。幫忙推動此項方案的社會企業陽光伏特家，長期推動公民電廠的建置，開始後續的太陽能光電板的建置，還有解決行政流程繁瑣的細節，讓真善美家園的電廠完工。

真善美家園電廠的完工，具有劃時代的意義，這是國內非營利組織規模最大的公民電廠。近幾年政府為了推動能源轉型，希望多加使用再生能源，促成非核家園，大力推動公民電廠。什麼是公民電廠呢？希望透過民間參與出資，並且收益由參與者分享，讓收益可以回饋於公共服務或使用在公益用途。

公民電廠的核心價值在強調公民的參與，希望逐漸擺脫對於大型集中式發電的依賴，讓地方性且分散的再生能源能夠為更多人使用，也讓民眾對於能源的掌握程度更高。然而，像真善美社會福利基金會這樣的非營利組織，長期以來關懷社會的弱勢，平日社工和照護的工作人員們竭力照顧服務對象之餘，對於能源轉型的問題並不熟悉，因此也無法參與公民電廠的建置。

幸好透過陽光伏特家的牽線，讓台灣大哥大看見真善美基金會的需求，並且透過公民電廠的建置，讓憨兒也可以為綠能盡一份心力，一起完成了這項台灣目前最大的公益團體電廠的設置計畫。

夏日的台灣相當炎熱，即使到了秋天仍然陽光普照，我們不缺太陽能。如果我們能夠將太陽能轉化成照顧弱勢的力量，那麼社會上的弱勢就會獲得幫忙，非營利組織的資源可以直接從源源不絕的太陽吸取，轉化成我們社會溫暖的力量。

（上圖）台灣大哥大種福電記者會。
（下圖）太陽能電板。
截圖出自 https://www.youtube.com/watch?v=fxrqjBWayPE&t=1s

結語

未來，繼續在人間實踐真善美

一個人做善事可以很快，一群人做善事可以很久、很大，我最近經常咀嚼這兩句話。還記得父親二十五年前帶我到宜蘭的礁溪，去訪視身心障礙者的家庭，評估他們是否能住到我們的機構當中。

我還記得凌亂的家中散發出惡臭，一個媽媽還有一對子女都是智能障礙者，雖然住在髒亂的環境中，但始終帶著天真的笑容，對陌生人沒有懼怕，後來這家人就在我們家度過了二十五年，他們都有了工作能力，能夠靠自己的能力養活自己。

在真善美基金會將近兩百個喜憨兒，是我的兄弟姊妹。父親當年選擇了一個社會最需要幫助的族群，成立基金會，他在二〇一四年過世，我們基金會這十年來，成長了將近三倍，繼續擴充，幫助更多需要的人。

父親的專長是財務，他認為要幫助人最重要是一個組織，而且組織的財務要健全，才能可長可久，幫助更多的人。我的專長是歷史、是說故事，我在這本書當中說的是一群被社會忽略和排斥的人，在歷史的發展過程中逐漸被關注。

真善美社會福利基金會透過專業的服務，讓服務對象獲得了生命的價值和尊嚴，而且自食其力，甚至可以幫助別人。但真善美不只於此，我們思考的是永續、是跟環境合作，並且讓正常人可以跟心智障礙的孩子共融，一起消弭我們社會的界線，不管任何族群、年紀、性別、性向都能生活在一起。

過去在演講的時候，我跟大家分享台灣社會人權進展的三階段，戒嚴的時候，一般人都沒有人權，無法選擇政府和領導者，解嚴之後我們正常人有了選擇的權力，面對不平等的對待可以具體地透過合理的方式反應，這算是人權1.0；接著我們的社會反省過去對於原住民族的歧視，將「山地人」正名為「原住民」，我們也透過釋憲，解除了同性伴侶結婚的限制，讓平權更加落實，我認為這是人權2.0。

我們接下來應該思考的是各種對於身心障礙者和弱勢者的標籤和不平等的對待，社會與環境所造成的「障礙」，政府、法律和社會有必要解決相關的障礙，促進他們的健康權、教育權、經濟安全、人身安全，並且提升他們的生活品質。

真善美是一群追求平權，且讓社會關注到身心障礙者權益的團體，我們透過實際的照護，用二十五年的時間，聚集了一群人，核心的想法就是：

對待弱勢的態度，反應了我們文明的高度。

我們的社會要有一個都不能少的想法，才不會因為智能或身體的差別，就覺得他們跟我們不同，或是權利有所差異。二十五年不算短，但用完成理想和使命的態度來說，也不算長，我們會繼續在人間實踐真善美。

各界名人的誠摯祝福

在《種希望的人》一書中，作者以細膩的筆觸，帶領讀者走進一條從封閉至理解、追求平等權益的心路。除了揭示歷史背景與社會變遷，更多的是對生命的讚歌以及充滿溫暖的旅程。

讓我們與作者一同種下希望的種子，讓愛和尊嚴在我們的社會中綻放。

——立法委員　**魯明哲**

二〇二二年Netflix的韓劇《我們的藍調時光》中，神秘海女英玉跟唐氏症姐姐英希（英希的飾演者鄭恩惠為韓劇首度出現真實的唐氏症患者），其故事感動世界各地的觀眾，讓社會更理解唐氏症的特質、才能、以及其文化多樣性。

在台灣，真善美基金會已經成立二十五年，除了提供唐氏症的照護，胡川安教授更積極推動更多的心智障礙者融入主流社會、工作就業、實踐自我的做法，與國際推動共融社會與文化平權具有一致的意義。鄭重推薦大家一起閱讀本書，進入台灣身心障礙者的特殊但多樣的文化社會樣貌。

——國立中央大學副教務長　**王俐容**

有能力的人，當然有機會完成心中的希望。但有些心智天生就不如常人的弱勢者，難道就不能擁有希望？這本書記錄了我非常敬重的好友川安，和真善美基金會的每一位員工用金錢、時間和無比的愛心，為這些心智障礙者種下希望、呵護希望、然後讓希望結出美好的果實。

——理財作家　**施昇輝**

把希望種在心裡，才會長成美麗的心靈。
感謝世上所有種希望的人！

——藝人　王中平

誰不是白癡？
你常常無心說出「你白癡嗎？」
我可以理解，這都是無心的。
甚至讓人意外，他是惡意的。

一樣米養百樣人。
正常的孩子，上帝有祂的安排。
更多的孩子，充滿著上帝賦予的挑戰！

為了，證明愛。

白癡的是我，
因為他們的辛苦和成長我永遠不明白。
但我可以學習，
愛，透過學習讓我進步。
跟我一起，學習愛。

——藝人　Shino 林曉培

來自各界的支持

立法委員　黃世杰
前總統府發言人　羅智強
桃園市議員　魏筠
桃園市議員　彭俊豪
育成社會福利基金會董事長　陳節如
陽光基金會執行長　舒靜嫻
身心障礙聯盟理事長　牛暄文
趨勢教育基金會執行長　陳怡蓁
台新銀行文化藝術基金會董事長　鄭家鐘
公益自律聯盟秘書長　沈怡如

海洋公民基金會董事長　胡昭安
台灣綠能公益發展協會創會理事長　陳惠萍
臺灣大學社會系教授　吳嘉苓
臺北大學社會科學院院長、臺灣障礙學會創會會長　張桓豪
水牛書店社長　羅文嘉
作家．臺大醫院教授　陳耀昌
國立中央大學歷史學研究所所長　皮國立
知名媒體人　馮光遠
財經節目主持人．作家　夏韻芬
公益傳播基金會執行長　唐平榮
桃園市中原國民小學校長　黃木姻
高雄仁武特殊教育學校校長　楊怡雯
律師　賴芳玉
作家．精神科醫師　王浩威

作家·精神科醫師　吳佳璇
作家·精神科醫師　廖泊喬
作家　廖玉蕙
暢銷作家、知名廣播主持人　吳淡如
詩人導演　盧建彰
親職溝通作家與講師　羅怡君
BIG行動夢想家基金會董事長　韓佳宏
台日文化經濟協會

國家圖書館出版品預行編目資料

種希望的人：在人間實踐真善美 / 胡川安著 . -- 初版 . -- 臺北市：平安 , 2023.09 [民 112].
面；公分 . --(平安叢書；第 769 種) (FORWARD ; 63)

ISBN 978-626-7181-85-0 (平裝)

1.CST: 真善美社會福利基金會 2.CST: 社會福利 3.CST: 文集

547.933　　112014526

平安叢書第 769 種
FORWARD 63
種希望的人
在人間實踐眞善美

作　　者—胡川安
發 行 人—平　雲
出版發行—平安文化有限公司
臺北市敦化北路 120 巷 50 號
電話◎ 02-27168888
郵撥帳號◎ 18420815 號
皇冠出版社 (香港) 有限公司
香港銅鑼灣道 180 號百樂商業中心
19 字樓 1903 室
電話◎ 2529-1778　傳真◎ 2527-0904
總 編 輯—許婷婷
執行主編—平　靜
責任編輯—陳思宇
美術設計—嚴昱琳
行銷企劃—鄭雅方
著作完成日期— 2023 年 5 月
初版一刷日期— 2023 年 9 月

法律顧問—王惠光律師

讀者服務傳真專線◎ 02-27150507
電腦編號◎ 401063
ISBN ◎ 978-626-7181-85-0
Printed in Taiwan
本書定價◎新台幣 380 元 / 港幣 127 元